Primera Corintios

José Young

Ediciones Crecimiento Cristiano

© 1995 **Ediciones Crecimiento Cristiano**
Título: 1 Corintios
Autor: José Young
Primera edición: 12/95
Edición actualizada: 3/07
I.S.B.N. 950-9596-58-2
Clasificación:
Diseño de Tapa: Ana Ruth Santacruz

Impreso en los taleres de
Ediciones Crecimiento Cristiano
Dirección:
Córdoba 419
5903 Villa Nueva, Cba.
Argentina

IMPRESO EN ARGENTINA
MB6

Introducción

1 Corintios es una de las dos cartas más largas del Nuevo Testamen to. Pablo escribe a una iglesia con una diversidad de problemas y, como consecuencia, tenemos su posición sobre una cantidad fascinante de temas. Es una carta para una iglesia, y nuestras iglesias también tienen mucho que aprender de ella.

Corinto era una ciudad importante ubicada en lo que es actualmente Grecia. Pablo y sus compañeros fundaron la iglesia en su segundo viaje misionero. En el primer estudio, buscaremos comprender mejor la situación de esa iglesia.

Bibliografía

Podemos recomendar el libro "Primera epístola a los corintios" por Ernesto Trenchard, publicado por Editorial Literatura Bíblica (Madrid).

Nota

El estudio se basa en la versión Reina-Valera de la Biblia, aunque recomendamos que tenga otras versiones a mano para comparar pasajes difíciles.

Cuando se hace referencia a otras versiones de la Biblia en el estudio, se utiliza la siguiente clave:
RV = Reina-Valera
VP = Versión Popular
BJ = Biblia de Jerusalén
NBE = Nueva Biblia Española

Estudios

1   *1 Corintios 1:1-17*

Trasfondo de la carta

Cuando Pablo escribió esta carta, Corinto era la ciudad capital de la provincia romana de Acaya (busque su ubicación en un mapa). Debido a su posición estratégica (la península unía a dos mares), era un centro importante de comercio y una ciudad próspera. Los marineros preferían transportar sus cargas por tierra, cruzando la península, en vez de arriesgar la vuelta por mar. (Aún transportaban barcos pequeños por tierra.)

Era también una ciudad con gente de muchas naciones. Había tantos judíos, por ejemplo, que tenían su propia sinagoga. Como resultado, era un centro educacional, religioso y también centro del culto a la diosa Afrodita (diosa del amor), hecho que provocó mucha inmoralidad.

1 Busque Hechos 18:1-18 donde se describe cómo comenzó la iglesia de Corinto.

a] ¿Cuánto tiempo estuvo Pablo en Corinto?

b] ¿Quiénes eran sus compañeros?

c] ¿La iglesia era mayormente compuesta de judíos, de gentiles, o ambos?

2 Busque los siguientes párrafos, y anote qué información brinda cada uno acerca de la iglesia en Corinto.

a] Hechos 18:27-19:1

b] 1 Corintios 5:9

c| 1 Corintios 1,10

3 Busque las dos razones principales por las cuales Pablo escribió esta carta: 1 Corintios 1:11, 7:1.

Aparentemente, esta es la segunda carta que Pablo escribió a Corinto (1 Corintios 5:9). Pero en realidad, los comentaristas piensan que existían por lo menos cuatro:
- La primera perdida (1 Corintios 5:9).
- Esta.
- Una carta "severa", también perdida (2 Corintios 2:4, 7:8). Los comentaristas dan una serie de argumentos (que no vamos a reproducir aquí) para sostener que 1 Corintios *no* es la carta mencionada en 2 Corintios.
- 2 Corintios.

1 Corintios 1:1-3

Pablo comienza su carta con la forma tradicional de saludo (Pablo, a la iglesia), que incluye una bendición (v. 3).

4 Pablo dice que fue "llamado" a ser apóstol.
a| ¿Qué quiere decir esto?

b| ¿Cuándo fue llamado a ser *apóstol*?

1 Corintios 16:21 sugiere que Pablo mismo no escribió la carta, sino como en otros casos, la dictó. Sóstenes probablemente era su secretario en esta ocasión. La única vez que encontramos este nombre "Sóstenes" es en Hechos 18:17, pero no necesariamente era la misma persona. Seguramente había más de un hombre con ese nombre.

5 Pablo dice que *son* los santificados, llamados *a ser* santos. ¿Qué diferencia hay entre estos dos conceptos?

Otra traducción correcta para la segunda expresión sería: "...llamados santos." Así lo traducen algunas versiones de la Biblia. Podemos parafrasear la idea de esta manera: "...a los que han sido separados (para Dios), llamados santos con todos los que..." De todos modos, 1 Pedro 1:16 justifica la pregunta anterior.

6 Busque los siguientes pasajes donde encontramos el mismo verbo aquí traducido por "invocar": Hechos 25:11 y Romanos 10:12,13,14. ¿Que quiere decir "invocar el nombre de Jesucristo"?

7 Note la bendición del v. 3.
   a] Cuando dice "gracia a vosotros", ¿qué es lo que desea?

   b] ¿Qué *es* gracia?

   c] Cuando dice "paz a vosotros", ¿qué es lo que desea?

   d] ¿Es paz lo mismo que calma, tranquilidad, o es más que eso?

8 Si tuviera solamente este párrafo de la Biblia, ¿qué definición daría de la palabra "iglesia"?

1 Corintios 1:4-9

De acuerdo a su costumbre, Pablo comienza el cuerpo mismo de su carta con razones para dar gracias a Dios por ellos. Y, por lo menos en este caso, nos introduce a algunos de los temas claves de la carta.

9 ¿Cuáles son las cosas, según Pablo, que ellos habían recibido de Dios?

Hay nueve palabras griegas diferentes traducidas por "don" en el Nuevo Testamento, y pueden tener significados diferentes.

10 Busque los siguientes pasajes, e indique en cada caso el significado de la palabra "don".
a| Romanos 5:15

b| Romanos 11:29 (hay que ver el contexto)

c| 1 Corintios 12:4

La palabra en este caso (1 Corintios 1:7) es *charismata*, que se usa solamente para lo que Dios da al hombre. Tiene como raíz la palabra *charis*, es decir, gracia.

En el v. 6 Pablo dice que el testimonio acerca de Cristo ha sido *confirmado* en ellos. La palabra significa establecer, hacer firme. Note que se repite la misma palabra en el v. 8.

11 ¿Qué quiere decir, entonces, el v. 6?

12 ¿Qué futuro espera Pablo para ellos?

Note la confianza que tenía Pablo de que serían "confirmados" (la misma palabra que vimos en el v. 6) hasta el día del Señor Jesucristo.

13 Pero en ese día seremos juzgados. ¿Cómo será ese juicio según los siguientes versículos? Romanos 14:10; 2 Corintios 5:9,10; Santiago 3:1 (también Romanos 2:16 y 1 Corintios 9:27)

14 Si es así, entonces ¿qué quiere decir el v. 8?

15 Pablo termina esta parte diciendo que habían sido llamados "a la comunión con su Hijo Jesucristo".

a] ¿Qué quiere decir esto?

b] ¿Es algo puramente "espiritual" o es práctico? Explique.

16 En base a este pasaje solamente, ¿Cómo era la situación de la iglesia en Corinto?

Las afirmaciones de este pasaje son importantes a la luz de lo que viene después. En Cristo, tenían una relación con Dios que les había brindado toda clase de beneficios. Sin embargo, veremos que les faltaba mucho todavía.

1 Corintios 1:10-17

Con este pasaje encontramos el primer problema de la iglesia en Corinto: divisiones. A pesar de las riquezas espirituales que habían recibido como resultado de su relación con Jesucristo, tenían una actitud sectaria.

Pablo comienza enumerando las marcas de la unidad cristiana.

17 ¿Cuáles son las pautas, o características de esa unidad? Explique cada una con sus propias palabras, aplicándola a la situación actual de la iglesia.

a]

b]

c]

d]

18 ¿La unidad mencionada en el pasaje es lo mismo que la uniformidad? Explique.

Aparentemente Pablo había recibido noticias acerca de las divisiones en la iglesia por medio de algunas personas relacionadas con una cierta Cloé. No sabemos Quién era ella, ni tampoco si esas personas relacionadas con ella eran parientes, empleados o qué. Lo que sí es claro es que ella sabía de las divisiones y envió un informe a Pablo.

Según este pasaje, había por lo menos cuatro opiniones diferentes en la iglesia.

19 ¿Por qué seguían algunos a Apolos? (Note Hechos 18:24 a 19:1.)

20 ¿Por qué seguían otros a Cefas? ("Cefas" es "Pedro" en arameo, Juan 1:42)

21 ¿Por qué seguían otros a Pablo?

22 En los vv. 14 a 17 Pablo insiste en el hecho de que él había bautizado a muy pocos de ellos. ¿Por qué?

23 ¿Eran más espirituales, entonces, los que dijeron "Soy de Cristo"?

24 Según su opinión, ¿cuál fue la verdadera causa de esas divisiones?

25 ¿Las divisiones que existen en las iglesias actuales son de esta misma clase, o son otras Explique.

26 ¿Hay una respuesta al problema de las divisiones en *este* pasaje?

Una iglesia enriquecida... pero también una iglesia en conflicto. Comenzamos a ver en esta carta que no toda "espiritualidad" es sana. Y una de las primeras evidencias de enfermedad es la división.

2   *1 Corintios 1:18 - 2.5*

El "porque" del v. 18 (RV) sirve de enlace entre el v. 17 y un nuevo tema. Pablo había dado gracias a Dios por los dones que tenían (1:5,7) pero, aparentemente, un resultado era que algunos se sentían muy sabios. Desde 1:18 hasta el final del capítulo 2 Pablo desarrolla el tema de la verdadera sabiduría.

1 Corintios 1:18-25

1   Pablo dice que la palabra de la cruz es "locura" (estupidez, tontería) para muchos. ¿Es lo mismo hoy? ¿Por qué?

En el v. 19 Pablo cita al profeta Isaías. Busque Is 29:9-14.

2   Explique la idea de esta pasaje de Isaías.

3   ¿Qué quiere decir Pablo, entonces, con el v. 19?

En el v. 20, la palabra "enloquecido" (RV) significa "demostrar que algo es locura".

4   ¿Qué contestaciones se esperan a las preguntas del v. 20?

5   ¿Por qué el mundo no puede conocer a Dios por medio de la sabiduría (v. 21)?

La palabra "predicación" en el v. 21 es "kerugma". No habla del *acto* de predicar, sino del contenido de la predicación. De este modo la traducción de la Versión Popular es preferible: "...salvar por medio de su *mensaje*"

6   Pablo dice en el v. 22 que los judíos piden "señales" (note Mateo 12:38, 16:1,4 y Juan 6:30).
a| ¿Qué buscaban, específicamente?

b| ¿Por qué?

c| ¿Hay personas que buscan lo mismo hoy día? Explique.

7   Pablo dice que los griegos también buscaban "sabiduría". (Note Hechos 17:16-34.)
a| ¿Qué habrán querido?

b| ¿Por qué?

c) ¿Hay personas que buscan lo mismo hoy día? Explique.

8 ¿Por qué "Cristo crucificado" es inaceptable para los judíos? (Note también Gálatas 3:13.)

9 ¿Por qué es inaceptable para los gentiles (no judíos)? (Note también la reacción al mensaje de Pablo en ATenas, Hechos 17.)

Dos veces en este pasaje Pablo dice que la cruz es el *poder* de Dios, y en el v. 24 dice que es la *sabiduría* de Dios.

10 ¿En qué sentido la cruz es el poder y la sabiduría de Dios?

11 Note el v. 25.
   a) ¿En qué sentido Dios es "débil" e "insensato"?

   b) Explique la idea de este versículo.

Es significativo que lo primero que hace Pablo, frente al conflicto de opiniones en la iglesia de Corinto, es destacar la verdadera naturaleza del evangelio. No es algo centrado en el hombre, ni en la sabiduría humana, sino en los designios misteriosos de Dios.

Note como cambia de persona en el v. 26. La palabra "vocación" en el v. 26 (RV) significa "llamamiento". Pablo dice que entre ellos había muy pocas personas intelectuales o de buena familia ("Nobles" significa de la nobleza o de la alta sociedad.) o poderosos.

12 ¿Era esa una selección que Dios hizo a propósito, o era simplemente una consecuencia del carácter del mensaje?

Pablo dice que Dios había escogido a "necios", "débiles" y "viles" (que significa insignificante, inferior) para avergonzar a los sabios y fuertes.

13 ¿De qué manera esa selección de Dios *avergüenza* a los poderosos?

Algunos comentaristas sugieren que la frase "(Dios escogió) lo que no es, para deshacer lo que es", es como un resumen de los versículos anteriores. "Deshacer" significa anular, hacer inefectivo.

14 ¿Qué dice esta frase de los propósitos de Dios?

15 ¿Por qué, entonces, nadie puede jactarse delante de Dios (v. 29)?

La VP traduce la primera parte del v. 30 con claridad: "Pero Dios mismo los ha unido a ustedes con Cristo Jesús, y ha hecho también que Cristo sea nuestra..."

16 Explique los cuatro términos del v. 30 como si fuera para un creyente recién convertido. Cristo es nuestra:

a] sabiduría.

b] justificación

c] santificación.

d] redención.

Esta sección sobre la sabiduría (vv. 18-31) es, por lo menos en parte, una respuesta a las contiendas en la iglesia.

17 ¿De qué manera es una solución a sus divisiones?

1 Corintios 2:1-5

El "Así que..." del v. 1 apunta atrás, probablemente al comentario que hizo Pablo sobre su predicación en 1:17. Algunas versiones tienen "...anunciar el *misterio* [musterion] de Dios..." en el v. 1 (como e.j. VP y NBE). Pero es más probable que sea *testimonio* [marturion].

18 En base a este pasaje (2:1-5), ¿cómo describiría la manera en que Pablo predicaba el evangelio?

19 ¿Cuál era el peligro que quería evitar y qué lo motivaba a predicar de esa manera?

20 ¿Puede dar ejemplos actuales del peligro que Pablo quería evitar?

Una paráfrasis del v. 2 puede ser: "Me propuse en mis predicaciones concentrarme en la persona de Jesús, y en particular, en su crucifixión."

21 Es decir, su énfasis era la cruz... y no la resurrección.
   a] ¿Por qué?

b] ¿No sería ese un evangelio incompleto, truncado? Explique.

22 ¿Qué explicación da para la actitud de Pablo en el v. 3?

23 ¿Cómo evaluaría usted tal actitud? ¿Buena? ¿Mala? ¿Normal? ¿Tiene otra opinión?

La palabra "humana" (RV) no está en el griego del v. 4. Así la traducción de la VP es preferible: "...no usé palabras sabias para convencerlos."

24 ¿Qué quiere decir Pablo cuando habla de "con *demostración* del Espíritu y de poder?"

El planteo de Pablo sugiere una tensión necesaria en la predicación, entre *forma* y *contenido*. Seguramente todos hemos escuchado predicaciones elocuentes, poderosas, pero que no decían nada. Y, por supuesto, también hemos escuchado predicaciones pobres que tampoco decían nada. Algunos dirán, entonces, que lo ideal es una predicación elocuente, con un contenido rico.

24 ¿Le parece que Pablo estaría de acuerdo? ¿Por qué?

26 En forma de resumen:
   a] ¿Cuáles son los tres temas principales que hemos visto hasta ahora en este libro (1:4-2:5)?

   b] ¿Qué relación ve entre los tres?

De nuevo Pablo destaca la dimensión sobrenatural del evangelio. En
la práctica es posible dar un discurso con argumentos irrefutables...
pero que no convence. El mensaje "simple" del evangelio convence porque es el mensaje —y el poder— de Dios.

3 *1 Corintios 2:6-16*

E l "sin embargo" del v. 6 introduce un contraste. Hasta ahora, da la impresión de que Pablo rechaza toda clase de sabiduría. Sin embargo, sabemos que eso no es cierto.

1 Corintios 2:6-9

Los corintios, probablemente, hubieran dicho: "Por medio de la sabiduría, alcanzaré la madurez." Pero el planteo de Pablo es al revés: "La sabiduría no produce la madurez; al contrario, la sabiduría es *fruto* de la madurez."

Pero la pregunta surge: ¿Cuál es la "madurez" de la cual Pablo habla?

1 En base a Efesios 4:13-15, Filipenses 3:12-16 y Hebreos 5:11-14, ¿qué es "madurez"?

El planteo de Pablo sugiere que hay por lo menos dos grupos en la iglesia: los "maduros" y los "inmaduros". Además, implica que esta sabiduría de la cual habla es para los unos, pero no para los otros. Es decir, que existen temas que no son para *toda* la iglesia.

2 ¿Qué opina de esto? ¿Puede encontrar pasajes bíblicos que implican que hay diferentes temas para diferentes niveles de madurez en la iglesia?

Vamos a analizar la *naturaleza* de esta sabiduría.

3 Según Pablo, esta sabiduría:
a] "no es de este siglo" (v. 6). Explique.

b] "no es de los príncipes de este siglo" (v. 6). ¿Quiénes son los príncipes? (Mire bien el contexto.)

c] "es un misterio oculto" (v. 7) La palabra "misterio" aquí no significa algo que el hombre no *puede* entender, sino algo que estaba escondido, pero ahora es revelado.

d] "predestinado" (v. 7), un término que quiere decir "decidir algo de antemano".

Pablo concluye esta parte de su argumento con el v. 9. El problema con este versículo es que no es una cita directa de ningún pasaje del Antiguo Testamento. Lo más parecido es Isaías 64:4. Pero si buscamos Isaías 64:4, vemos que, en realidad, dice algo diferente.

4 ¿Cuál es la idea de Isaías 64:4? (Mire bien el contexto.)

Lo más probable es que Pablo haya juntado trozos de varias partes del Antiguo Testamento (como por ejemplo: Isaías 52:15 y 65:17).

5 Mire de nuevo a 1 Corintios 2:9. Explique, con sus propias palabras, la idea de este versículo.

1 Corintios 2:10-16

Sí, los pensamientos y planes de Dios van más allá de la imaginación humana. "Pero...", y aquí de nuevo la palabra "pero" introduce una nueva idea: aprendemos las cosas espirituales solamente por medio del Espíritu de Dios.

6   Explique con sus propias palabras el argumento de Pablo de que no podemos saber las cosas de Dios sin el Espíritu.

7   Pero si es así, ¿qué lugar tiene el estudio bíblico?

8   ¿Qué nos enseña el Espíritu según estos versículos?

El v. 13 cambia el enfoque. Ya no es solamente lo que recibimos de Dios, sino también lo que enseñamos a otros. La palabra "acomodando" puede tener dos significados, según el contexto:

- comparar.
- explicar, interpretar.

Como consecuencia, entonces, encontramos varias traducciones diferentes de esta parte del versículo:

- "...explicando temas espirituales a hombres de espíritu." (NBE)
- "...expresando realidades espirituales en términos espirituales." (BJ)

9   ¿Cuál de estas tres versiones (incluyendo la de la RV) le parece más apropiada *según el contexto*? Explique.

10 ¿Implica el v. 13 que no debemos prepararnos (estudiar) cuando tenemos que dar un mensaje? ¿Por qué?

Cuando Pablo habla del "hombre natural" en el v. 14, utiliza la palabra "psukikos", que está relacionada con "psuké", alma. Es el hombre sin el Espíritu, el hombre "animal", "natural".

11 A la luz del v. 14, ¿cómo puede, entonces, el no creyente responder al evangelio?

Ahora, la palabra traducida "discernir" en la última parte del v. 14 y la traducida "juzgar" en el v. 15 es la misma. Significa "examinar" (así Hechos 17:11) o "juzgar" en el sentido de examinar y llegar a conclusiones, evaluar.

12 ¿Cómo explica, entonces, el v. 15?

13 El v. 16 ha de ser una explicación del v. 15 ("Porque..."). ¿De qué manera es una explicación?

14 ¿No se contradice el v. 16? ("...¿quién conoció la mente del Señor...? ...tenemos la mente de Cristo.")

El pasaje desde 1:18 hasta 2:16 es casi un paréntesis. En 1:10-17 habla de las divisiones en la iglesia, y en 3:1 toma de nuevo el mismo tema. Realmente, se puede ver que 1:17 introduce este tema de la sabiduría.

15 En resumen, qué quería decirles Pablo con este pasaje sobre la sabiduría?

16 ¿Cómo se aplica este tema de la sabiduría a las divisiones en la iglesia?

Gracias a Dios que "no hemos recibido el espíritu del mundo, sino el Espíritu que viene de Dios..." (2:12).

4 *1 Corintios 3*

Después de su largo paréntesis sobre la sabiduría, Pablo regresa al tema original: las divisiones en la iglesia.

1 Corintios 3:1-4

La palabra "carnal" (vv. 1,3) es la traducción de dos palabras muy parecidas del griego. Significan "hecho de carne, natural, humano".

1 Según Pablo, ¿qué es ser "carnal"?

2 Se entiende que un creyente nuevo sea "natural, humano", pero ¿es posible que un creyente de muchos años sea así? Explique.

Pablo les dice que eran como niños y que, por esa razón, no eran capaces de alimentarse más que con leche.

3 ¿Qué será la "leche" para:
a] el creyente recién nacido en la fe?

b] el creyente viejo, pero "carnal"?

Note que en el v. 4, es preferible la palabra "hombres" en vez de "carnales" (así BJ, NBE).

4 Si no debemos ser "hombres", ¿qué debemos ser?

Ser "niño" en la fe no es malo; todos comenzamos la vida cristiana así. El problema surge cuando pasan los años y *todavía* somos niños en la fe.

1 Corintios 3:5-9

Si los creyentes de Corinto sabían aferrarse a sus predicadores favoritos y, como consecuencia, crear tensiones y divisiones en la iglesia, es lógica la pregunta de Pablo: "¿Quiénes son, realmente, Pablo y Apolos...?"

6 ¿De qué maneras se describe Pablo a sí mismo y a Apolos en estos 5 versículos?

7 En resumen, ¿cómo es la relación entre el "servidor" y Dios?

8 Pablo habla de "plantar" y "regar". ¿Cómo define usted estas dos actividades?

9 Explique el v. 8.

Aunque la traducción "nosotros somos colaboradores de Dios" es llamativa, los comentaristas dicen que la traducción de la VP es mejor: "Somos compañeros de trabajo al servicio de Dios..."

En el v. 9 Pablo utiliza dos figuras para describir a la iglesia de Corinto. El término "labranza" significa simplemente "tierra cultivada".

10 Para cada figura:

a) busque por lo menos una cita bíblica que usa la misma figura para describir la iglesia.

Campo: *Edificio:*

b) Explique las implicaciones de esa figura para la naturaleza de la iglesia.

Campo: *Edificio:*

11 Según el contexto de lo que ya hemos estudiado, ¿cuál será el propósito del argumento de Pablo en los vv. 5-9?

1 Corintios 3:10-17

De las dos figuras del v. 9, Pablo desarrolla una para seguir su argumento.

12 ¿En qué sentido Pablo puso el fundamento del edificio?

13 Dice luego que "otro" edifica sobre ese fundamento.

    a] ¿Quién edifica encima?

    b] ¿Qué edifica encima?

14 Dice que "cada uno debe mirar cómo sobreedifica". ¿Por qué? (Dos razones.)

El término "piedras preciosas" no se limita a "joyas". Incluye materiales como el mármol también.

15 Los materiales del v. 12,

    a] ¿qué realidad simbolizan?

    b] ¿Con cuáles es más fácil construir?

El pasaje sugiere que en cualquier caso, el resultado es un edificio.

16 ¿Cómo y cuándo se hará manifiesta la obra de cada uno?

a| ¿Qué es "el fuego"?

Note que el valor de la obra de edificación no es aparente a primera vista. Note también que la clave no es "cuanto" se ha hecho, sino su calidad.

17 Si la construcción no aguanta el "fuego", ¿quién sufre pérdida?

a| ¿Qué quiere decir "salvo... como por fuego"?

"Templo" aquí se refiere a la iglesia, no al individuo (en contraste con 6:19). En este caso es la traducción de la palabra "naos", que se refiere al santuario, el lugar interior y santo del templo.

En el v. 17 la palabra "destruir" (2 veces) se traduce de varias maneras, según el contexto. Por ejemplo:

- "corromper" en 1 Corintios 15:33.
- "extraviar" en 2 Corintios 11:3.

18 ¿Cuál es, exactamente, la advertencia del v. 17?

19 ¿Qué relación tienen los vv. 16 y 17 con lo anterior?

20 En resumen:

a] ¿A quiénes hablan estos versículos (10-17)?

b] ¿Cuál es la promesa de este pasaje?

c] ¿Cuál es la advertencia?

d] ¿Cómo la aplicamos a nuestra iglesia?

Hay pocos pasajes que destacan tanto la importancia de la iglesia local. Este conjunto de imágenes —y advertencias— debe impulsarnos a luchar para que nuestra iglesia sea sana, unida y digna de la presencia de aquel que vive dentro de ella.

1 Corintios 3:18-23

El argumento de Pablo ha sido como una cuerda con dos hilos: uno es el lugar del hombre en la obra de Dios; el otro, la sabiduría. En este pasaje une a los dos con sus conclusiones preliminares. Note los vv. 18 y 21.

21 Pablo dice que "nadie debe engañarse a sí mismo..." ¿En qué sentido nos podemoS engañar?

22 ¿Qué quiere decir "hágase ignorante, para que llegue a ser sabio"?

Con otras palabras Pablo repite su planteo anterior: la sabiduría humana es simplemente tontería para Dios.

23 Romanos 1:21-23 da la razón. ¿Cuál es?

24 En resumen, ¿cuáles son las diferencias fundamentales entre la sabiduría de Dios y la de este mundo?

Hasta ahora Pablo ha dado varias razones por las que ellos no debían seguir a hombres. El v. 21 agrega otra.

25 ¿Qué quiere decir "todo es vuestro"?

26 ¿En qué sentido:
a] Pablo, Apolos y Cefas son "de ellos"?

b] la muerte es de ellos?

Pablo termina con el argumento fundamental: si tenemos algo es porque somos de Cristo. No tiene sentido gloriarnos de nada, ni nadie, sino de él.

5   *1 Corintios 4:1-21*

Con el capítulo 4, Pablo toma de nuevo la pregunta de 3:5. Aparentemente hubo dos tendencias entre los corintios. Por un lado, exaltaban a algunos de sus líderes y predicadores. Pero por otro lado, cuestionaban a otros, especialmente a Pablo. Aquí Pablo se justifica delante de ellos, pero con cierto tono de frustración.

1 Corintios 4:1-8

Note las dos palabras que Pablo utiliza en el v. 1. La primera es "uperetes", un subordinado (RV = servidor), y la segunda es "oikónomos", un mayordomo (RV = administrador).

La primera se refiere, originalmente, a los remadores de una galera, quienes eran mayormente esclavos o prisioneros. La segunda se refiere al administrador de una propiedad, especialmente una hacienda grande; los "oikónomoi" eran los encargados de los obreros y toda la propiedad del dueño, pero en muchos casos ellos mismos eran esclavos.

1   Normalmente,

a] ¿qué se espera de un "siervo de Dios"? ¿Qué exigimos que sea?

b] ¿Qué hubieran exigido los corintios?

c] ¿Cuál es el criterio de Pablo?

2 ¿Por qué Pablo no se sentía amenazado por los que juzgaban que él no era un buen apóstol?

3 ¿Por qué no se juzgaba a sí mismo?

4 ¿Implica este planteo de Pablo que no debemos hacer ninguna evaluación de los que trabajan en la iglesia? Explique.

5 ¿Cómo podemos, entonces, juzgarnos (valuarnos) a nosotros mismos? ¿Qué lugar tiene la conciencia en esto?

6 ¿Con qué criterios juzga el Señor?

7 Pablo dice que ha utilizado a Apolos y a sí mismo como ejemplos (v. 6).

a] ¿Ejemplos de qué?

b] ¿Con qué propósito lo hizo?

No es claro a qué se refiere el término "lo escrito" en el v. 6. Hay por lo menos tres posibilidades:

- El Antiguo Testamento, que era "la Biblia" de la iglesia primitiva.
- Seguramente los primeros borradores de los evangelios circulaban entre las iglesias en esa época, y posiblemente una o más de las cartas apostólicas.
- La "primera" carta a los corintios mencionada en el primer estudio.

8 Responda a las tres preguntas del v. 7, con una explicación en cada caso. Conviene ver el versículo en más de una versión.

a]

b]

c]

9 ¿Qué propósito tienen las tres preguntas?

10 ¿Cómo debemos tomar al v. 8, como burla, ironía, o qué cosa?

11 ¿Qué propósito tiene Pablo en el v. 8?

1 Corintios 4:9-13

En este pasaje, Pablo da toda una serie de detalles sobre la vida apostólica.

12 En resumen, ¿cómo vivían ellos?

13 ¿Con qué propósito Pablo hace este planteo?

El v. 9 se basa en los juegos romanos. Al terminar los juegos, sacaban a un criminal condenado a muerte. A veces para morir en el acto, otras para pelear contra un gladiador.

La palabra "espectáculo" es la traducción de "téatron", un teatro o lugar de asamblea (como en Hechos 19:29,31).

14 ¿Qué quiere comunicar Pablo con estas figuras?

Note que dice que aun los ángeles son espectadores del drama.

15 ¿Puede encontrar por lo menos un pasaje más que confirma que los ángeles nos observan?

16 Se puede dividir los vv. 10-13 en tres partes, tres planteos. Indique los tres.

Versículos   **Tema**

17 El contraste que Pablo hace en el v. 10:
a| ¿Es real, figurativo, ironía, o qué?

b| ¿Por qué lo hace?

Pablo describe su vida y la de sus colaboradores de tal manera que no quedan ilusiones: la vida apostólica era un sacrificio duro.

18 El ejemplo que nos da en los vv. 10-13:

a| ¿Debe ser la norma para *nuestros* evangelistas y misioneros? Explique.

b| ¿Dice algo para nuestra iglesia?

1 Corintios 4:14-21

19 Pablo afirma que su intención no era avergonzarlos.

a| ¿Habrán sentido vergüenza por lo que dijo?

b| ¿Por qué no quiso avergonzarlos?

El "ayo" (Según la RV. La VP tiene "maestro".) era el guardián o entrenador de muchachos. La palabra tiene la idea de "líder de niños", y realmente no es equivalente a maestro; su tarea era más bien supervisar que enseñar.

20 ¿Cuáles serían las diferencias prácticas entre tener un "ayo" y tener un padre?

El v. 16 nos presenta un problema. Hasta ahora Pablo insiste en que seguir a un líder humano es marca de la inmadurez. ¡Es justamente una de las causas de sus divisiones!

21 ¿Cómo se explica, entonces, el v. 16?

Aparentemente, Pablo no pudo viajar a Corinto en ese momento, pero envió a Timoteo en su lugar. Insiste en que él también iría luego. Busque el v. 18 en más de una versión.

22 ¿Qué implica en cuanto a la actitud de los corintios?

23 ¿Qué esperaba lograr con:
a| la visita de Timoteo?

b] su propia visita?

24 Explique el v. 20.

Conclusión

Con el capítulo cuatro terminamos la primera división principal del libro.

25 A la luz de los cuatro capítulos, ¿cuál era la preocupación principal de Pablo?

26 ¿Cuál era la verdadera causa del problema en la iglesia de Corinto?

27 ¿Qué lección podemos sacar de estos capítulos en cuanto a:
a] cómo evitar disensiones y división?

b] cómo enfrentar disensión y división?

6 *1 Corintios 5:1-13*

En este capítulo Pablo nombra un nuevo problema de la iglesia de Corinto, y esta vez de índole moral. Aunque, en realidad, los problemas son dos.

1 Explique la naturaleza de los dos problemas.

2 La acción del hombre mencionado, ¿es algo que había hecho o todavía hacía? (Vv. 1-3)

3 ¿Qué dice la ley de Moisés sobre tales casos: Levítico 18:8 y 29, Levítico 20:11?

Pablo afirma que ya había tomado su determinación. Dice que ya había juzgado el caso (v. 3).

4 ¿Qué quiere decir cuando dice que estuvo "presente en el espíritu". (Ver también Colosenses 2:5)

5 El v. 3, ¿no es una contradicción a 4:5? Explique.

Busque en los vv. 1-13 toda referencia a qué debían hacer los corintios con este hombre.

6 Específicamente, ¿qué debían hacer?

La disciplina de parte de la iglesia es importante, pero la clave es *por qué* deben realizar tal acción. Aquí entra en juego el v. 5, un versículo difícil de interpretar. Busque este versículo en más de una versión.

La versión RV habla de la "destrucción de la carne". Algunos han sugerido que se refiere a la muerte del hombre, pero tal conclusión no es necesaria. El problema es que la palabra "carne" ("sarx" en griego) puede tener varios significados.

7 ¿Qué significado tiene la palabra "carne" en los siguientes pasajes (versión RV)?
a] 1 Corintios 15:39

b] 2 Corintios 10:3 (2 veces)

c] Romanos 7:6

d] Gálatas 6:8

8 A la luz de la pregunta anterior, entonces, el v. 5 dice que:
a] ellos debían:

b] con el fin de que:

Sabemos que la disciplina cristiana no tiene como finalidad el castigo, sino la recuperación del pecador.

9 ¿De qué manera esta acción de parte de la iglesia sirve para restablecer al culpable?

Se ve que este caso de inmoralidad fue aceptado por la iglesia en Corinto. Demasiadas veces la iglesia "se adapta" a las normas de la sociedad que la rodea.

10 ¿Habrá un caso parecido actualmente, es decir, un pecado moral que la iglesia acepta como "normal"?

1 Corintios 5:6-8

Aunque el propósito principal de la disciplina es la recuperación del pecador, en los vv. 6-8 Pablo sugiere otro. Habla con figuras tomadas de la fiesta judía de la Pascua. Conviene repasar Éxodo 12:1-36 donde explica la iniciación de esta fiesta.

En los hogares judíos, se buscaba por toda la casa la levadura que pudiera haber para eliminarla antes de la fecha de la fiesta. En la tradición judía, casi sin excepción, la levadura simbolizaba la maldad. En realidad, esta no es la misma levadura que nosotros usamos. Más bien, guardaban un pedazo de la masa cada vez que hacían pan y esa masa fermentada servía de "levadura".

Da la impresión que Pablo estaba más preocupado por la actitud de la iglesia, que por el problema mismo. Pablo dice que estaban orgullosos, cuando en realidad deben haberse sentido tristes.

11 ¿De qué se habían sentido orgullosos?

12 ¿Qué cosas, según Pablo, no se había tomado en cuenta?

Su exhortación, pues, es que debían limpiarse de toda levadura.

13 Pablo menciona dos realidades que debían motivarlos a limpiarse. ¿Cuáles son?

Los comentaristas piensan que el v. 8 no se refiere a la Santa Cena, sino a la vida cristiana. Y a la luz del tema del capítulo es una figura muy apropiada.

14 Si es así, ¿cómo aplicamos este versículo (v. 8)?

15 Según este capítulo, las dos razones principales por lo que deben disciplinar a ese hombre son:
 a]

 b]

1 Corintios 5:9-13

Pablo hace referencia a una carta anterior que, aparentemente, ellos interpretaban mal. Conviene buscar el v. 10 en más de una versión. Es importante notar que el verbo "juntarse" sugiere una relación estrecha, no meramente "tener contacto" con una persona.

16 ¿De qué manera habían interpretado mal la carta anterior de Pablo?

17 ¿Cuál es, entonces, el principio que debían seguir?

Los pecados de la lista de Pablo son muy específicos, y seguramente podría haber hecho una lista mucha más larga. Busque estos versículos en otras versiones para estar seguro de que entiende bien los términos de Pablo.

18 Para cada pecado nombrado, dé un ejemplo práctico, actual.

a]

b]

c]

d]

e]

El "problema" con esta lista de Pablo es que nombra pecados que no tomamos muy en serio. No se oye, por ejemplo, de iglesias que toman pasos de disciplina en el caso de un chismoso.

También, muchas de las personas nuevas de nuestras iglesias, las que recién entran, practican estos y otros pecados semejantes.

19 ¿Cómo aplicamos este pasaje en este último caso?

20 Explique el argumento de los vv. 12 y 13.

21 Busque los siguientes pasajes donde Pablo habla de la acción que la iglesia debe tomar en la disciplina: Romanos 16:17; 2 Tesalonicenses 3:6; 2 Tesalonicenses 3:15,16; 1 Timoteo 1:20. Tome en cuenta también todo lo que dice este capítulo. ¿Qué debemos hacer, específicamente, en tales casos?

22 ¿Qué propósito tiene la disciplina para:
a| la persona culpable?

b| la iglesia?

c| los que observan desde afuera?

7 *1 Corintios 6:1-20*

En un sentido, 6:1-8 es un paréntesis. Porque en 6:9 sigue con el argumento del capítulo 5. Pero lo que dice en 5:12 (juzgar) trae a su memoria *otro* problema de la iglesia de Corinto.

1 Corintios 6:1-8

Note que la palabra "injustos" (V.1, RV) se refiere a los no creyentes (los no justificados delante de Dios). Ver este versículo en la VP. Es importante tomar en cuenta que los juicios civiles se hacían en el centro del mercado, un lugar sumamente público.

1   Explique el error que Pablo condena.

2   ¿Por qué era malo ese procedimiento? (Hay varias razones.)

3   ¿Cómo debían haber actuado en casos de pleitos?

Ahora, Pablo sugiere que nosotros somos más capaces de juzgar un pleito que los mismos magistrados.

4 ¿Qué razones había dado en los capítulos anteriores para hacer tal afirmación?

De todos modos, Pablo dice que la exis-tencia misma de pleitos ya es un error. Note que la palabra "falta" (RV) o "defecto" (VP) significa fracaso, o derrota.

5 ¿Por qué es un fracaso?

6 Realmente, Pablo menciona tres errores fundamentales en los vv. 7 y 8. ¿Cuáles son?

a)

b)

c)

El problema que surge del argumento de Pablo aquí es: ¿Hasta qué punto debemos ceder cuando alguien hace una injusticia contra nosotros? ¿Debemos ceder *siempre* y darle la razón al otro?

7 Dé su opinión.

1 Corintios 6:9-11

La forma de la pregunta en el v. 9 implica que *debían* saber eso. Si erraron, no era por ignorancia.

Conviene ver los vv. 9 y 10 en más de una versión. Dos de los términos tiene un uso especial. "Afeminados" (v. 9, RV) es literalmente "suaves", y es una palabra que utilizaron comúnmente para describir a los prostitutas homosexuales masculinos. "Los que se echan con varones" traduce una palabra que significaba un homosexual masculino. "Maldiciente" se refiere a una persona que habitualmente habla mal de otros, y los insulta. Es una palabra más "fuerte" que *chismoso* (VP).

8 Ahora, ¿qué tiene que ver esta pregunta del v. 9 con la primera parte del capítulo?

Note que Pablo dice que personas así "no tendrán parte en el reino de Dios" (VP). Aparentemente Pablo, según el contexto (vv. 7,8), está aplicando esto a la situación de los corintios.

9 ¿Le parece que el hermano que "defrauda a los hermanos" (v. 8) será excluido del reino? Explique.

Pablo les dice que ellos ya debían haber sabido que esta clase de personas no tendrá parte en el reino de Dios.

10 ¿Pero qué opina la gente de afuera (del mundo) de esta misma lista? ¿Son casos condenables para ellos?

El peligro es cuando la iglesia acepta las mismas pautas morales que el mundo.

11 ¿Ha ocurrido esto en nuestra iglesia? Es decir, ¿aceptamos algunas de las desviaciones de este pasaje como "normales"?

12 ¿Pero qué debemos hacer cuando una persona de la iglesia es así?

En el v. 11 Pablo afirma "así eran algunos de ustedes..." y a continuación nombra tres cosas que Dios hace en la vida de los suyos. Las tres describen el mismo proceso, pero no son iguales.

13 Describa las tres cosas, destacando las características de cada una que la hace diferente a las otras dos. Hemos sido:
a] lavados.

b] santificados.

c] justificados.

14 ¿A qué conclusión deben llevarnos los vv. 9-11?

1 Corintios 6:12-20

La mayoría de los comentaristas piensan que en el v. 12, y posiblemente en el v. 13, Pablo está citando un lema de la iglesia de Corinto. Los dos serían:

- "Todas las cosas me son lícitas..."
- "Las viandas para el vientre, y el vientre para las viandas..."

La VP agrega "Se dice..." y "También se dice..." a estas dos frases en base a esa suposición.

A primera vista, están de acuerdo con la libertad cristiana que Pablo defiende en sus epístolas. Aunque en los dos casos la respuesta de Pablo es "Sí, pero..."

15 Explique las dos limitaciones que Pablo pone sobre el primer lema. (Ver también Gálatas 5:13 y 1 Pedro 2:16.)

16 ¿Puede pensar en algo que sea "legítimo" para el cristiano pero que, sin embargo, no es permisible según el planteo de Pablo?

17 Explique la condición que Pablo impone sobre el segundo lema.

Muchos comentaristas piensan que hubo un *tercer* lema, algo como:

• "El cuerpo es para el sexo, y el sexo para el cuerpo..."

Pero en este caso, Pablo *no* está de acuerdo. La fornicación, en su sentido más estricto, es una relación sexual entre dos personas solteras; en su sentido más amplio, se refiere a toda clase de irregularidades y relaje sexual. En los vv. 15-20 Pablo da una serie de razones por las que la fornicación no es aceptable para el cristiano.

18 ¿Cuáles son sus razones? Hay por lo menos cinco.

   a]

   b]

   c]

   d]

   e]

19 Según Pablo, el sexo es más que un acto físico. Explique.

Ahora, Pablo dice que todos los pecados que uno puede cometer, menos uno, son contra otras personas; la fornicación es un pecado contra uno mismo.

20 ¿Cómo entiende esto?

Los comentaristas notan que en el v. 19, en contraste con 3:16, es el *cuerpo humano* el que es templo del Espíritu Santo. En 3:16 "...*sois* templo", se refiere al grupo de cristianos, a la congregación; aquí, "...nuestro cuerpo es templo", refiere al individuo.

21 ¿De qué maneras Pablo destaca la importancia del cuerpo humano en este pasaje?

Pablo dice que como cristianos, debemos glorificar a Dios *en nuestro cuerpo*. Debemos notar que los comentaristas afirman que la frase "y en vuestro espíritu, los cuales son de Dios", fue agregada al Nuevo Testamento griego en una fecha posterior. Note que otras versiones (NBE, BJ VP) no la tienen. El énfasis del versículo, entonces, es el cuerpo humano.

22 ¿Cómo podemos glorificar a Dios en nuestro cuerpo?

Seis veces en este capítulo Pablo habla de lo que ellos debían saber (vv. 2, 3, 9, 15, 16, 19).

23 Al responder a esas seis preguntas, ¿a qué conclusión llegamos?

8   *1 Corintios 7:1-24*

Aquí, Pablo hace una primera referencia a una carta que *ellos* le habían escrito. Sería fascinante saber el contenido de esa carta, pero ya no existe. Sin embargo, da la impresión de que en ella los corintios responden a la primera carta de Pablo (ver 5:9) y que la discuten (5:9-11 también da esa impresión).

1 Corintios 7:1-7

Según los comentaristas, había cierta admiración en la sociedad corintia por el celibato (el no casarse). Ciertas corrientes de la filosofía exaltaban la autodisciplina y la vida ascética.

Muchos comentaristas entienden, entonces, que la segunda parte del v. 1 es otro planteo de los corintios: "Es mejor (¿más 'espiritual'?) no tener relaciones sexuales en ningún caso." Algunos de ellos, aparentemente, aún aplicaban este principio dentro del matrimonio. Es decir, afirmaban que los esposos debían convivir sin el sexo.

Note en el v. 2 que la frase "tener su propia mujer", es equivalente a "tener relaciones sexuales con su mujer". Note Marcos 6:18, Juan 4:18 y especialmente 1 Corintios 5:1 y 7:29 (RV).

1   La respuesta de Pablo realmente tiene dos argumentos. Explíquelos:

a| Los vv. 2 y 3 (recuerde 6:15 y 16).

b| Los vv. 4 y 5.

Algunos han notado el paralelo entre la práctica de la oración con ayuno y el v. 5; la abstinencia en ambos casos tendría el mismo fin.

Note el uso de "deber" en el v. 4 (término utilizado para pagar una deuda) y "potestad" en el v. 4 (el derecho de utilizar algo).

2   ¿Qué implican estos términos para la relación conyugal?

3   ¿Sobre qué base bíblica surge esta relación de "deber y potestad" en el matrimonio?

En el v. 6 Pablo hace una afirmación que repite en tres lugares más de este capítulo (vv. 12, 25, 40). Distingue entre su opinión y el mandato de Dios.

4   ¿Hay diferentes "niveles" de autoridad en la Biblia? Si Pablo insiste en que es su opinión, ¿será obligación para nosotros? ¿Qué piensa Ud.?

5   En este caso (v. 6),
a| ¿a qué se refierePablo?

b| ¿*hay* un mandato del Señor acerca de esto?

Pablo, aparentemente, no era casado. Los comentaristas afirman que seguramente era viudo, pero eso no cambia sustancialmente su argumento.

6 En cuanto al v. 7:
a| ¿Qué quiere Pablo, realmente? ¿Simplemente que la gente no se case, u otra cosa?

b| Pablo habla de un "don". Explique la diferencia en este caso entre la autodisciplina y tener un don.

1 Corintios 7:8-16

Aunque hicimos una división aquí, hay que ver el v. 8 a la luz de su contexto, que incluye el v. 7.

La palabra "soltero" es literalmente "no casado" (como en la BJ). Puede referirse a una persona que nunca se casó, que es separada o viuda. Varios comentaristas piensan que en el v. 8 se refiere a los viudos, ya que Pablo trata el tema de los solteros (RV = vírgenes) en el v. 25.

Si es así, entonces en los vv. 8-16 Pablo se dirige específicamente a tres grupos:
- los viudos (v. 8)
- los creyentes casados (v. 10)
- los matrimonios "mixtos" (v. 12)

En el v. 9 la versión RV habla de "don de continencia", pero es la traducción de un término que significa "controlarse a sí mismo"... la palabra "don" no está en el original. Las otras versiones son más claras.

Pablo, obviamente, prefiere que los viudos se queden como él. Sin embargo, recomienda el recasamiento en una situación particular.

7 A la luz de todo lo que hemos visto aquí, ¿cuál es la excepción? (De nuevo, hay que ver el v. 9 en otras versiones.)

Note que la mayoría de las versiones no utilizan el verbo "divorciarse" en los vv. 10 y 11. El primer verbo (v. 10, que se repite en la primera parte del v. 11) es uno que significa simplemente "separarse". *Puede* implicar el divorcio, pero no necesariamente. El segundo verbo (última parte del v. 11) significa "abandonar".

Pablo, entonces, afirma que los matrimonios no deben separarse, Pero reconoce que hay casos donde puede ser necesario. Para los que se separan, entonces, pone tres condiciones.

8 ¿Cuáles son? Explique cada una.

  a]

  b]

  c]

Hasta el v. 11, Pablo está hablando a los creyentes. Pero con el 12 reconoce la posibilidad de que existan situaciones donde un cónyuge se convierta, pero el otro no. Ahora, a la luz de los posibles conflictos que puedan existir en el matrimonio "mixto", habrá presiones de ambas partes para la separación.

9 ¿Por qué motivos ha de querer separarse:
a| el creyente?

b| el no creyente?

Es importante recordar que para el pueblo judío, estaba terminantemente prohibido casarse con un extranjero. Además, Pablo aclara en este mismo capítulo que el cristiano debe casarse solamente "en el Señor" (v. 39).

El creyente casado con un no creyente está en un "yugo desigual".

10 Explique el argumento de Pablo sobre este tema en 2 Corintios 6:14-18.

A la luz de esta tensión, entendemos mejor el argumento de Pablo en este pasaje (1 Corintios 7:12-16).

Pablo da, esencialmente, dos razones por las que es mejor que el creyente no deje al cónyuge no convertido. Pero para entender su argumento, necesitamos pensar sobre el término "santificar" o "santo". (Es el término que utiliza la versión RV y es una traducción literal.)

11 Por ejemplo, ¿qué significa el concepto "santo" o "santificar",

a| aplicado a Dios?

b| aplicado a nosotros mismos?

c| aplicado a las cosas (como por ejemplo, 1 Timoteo 4:4,5)?

Es importante notar que el concepto "santo" depende del contexto en que lo usamos. A la luz de esto:

12 Explique las dos razones por las que el creyente no debe separarse:

a|

b|

El v. 15 contempla el caso del no creyente que quiere irse. Pero el versículo tiene sus dificultades. La pregunta que discuten los comentaristas es si el creyente puede casarse de nuevo o no. Pero note estas dos posibles versiones "parafraseadas" del versículo:

Pero si el no creyente quiere irse, que se vaya. En este caso el hermano o hermana no debe sentirse obligado a mantener la relación. Es mejor vivir solo y en paz.
Pero si el no creyente quiere irse, que se vaya. En este caso el vínculo entre los dos queda anulado, y está librado de su responsabilidad.

13 A la luz de este capítulo, ¿cuál de las dos posibles interpretaciones del versículo 15 parece más aceptable?

También se puede tomar el v. 16 de dos posibles maneras; ambas son versiones aceptables:

"Puede separarse, porque no hay ninguna seguridad de que su cónyuge se convertirá por medio de su testimonio."
"Es mejor quedarse, porque hay una posibilidad de que su cónyuge se convierta por medio de su testimonio."

14 ¿Hay algo en el contexto de este pasaje que da más posibilidad a una de estas dos posiciones? Explique.

1 Corintios 7:17-24

Aunque a primera vista parece que Pablo cambia de tema aquí, en realidad, establece un principio que utiliza luego en su argumento.

Afirma el principio en el v. 17. Note que la palabra "don" (VP) no está en el original. La expresión "así haga" (RV) es literalmente "así camine".

15 Exprese el principio (v. 17) con sus propias palabras.

16 ¿Por qué no tiene importancia si uno está circundado o no? Busque por lo menos un argumento en el libro de Gálatas.

17 ¿Por qué no tiene importancia si uno es esclavo o no?

18 Note que se repite el verbo "llamar" o "llamado" ocho veces en este pasaje.
  a] ¿A qué hemos sido llamados?

  b] ¿Qué relación ve entre esta realidad y el principio que Pablo presenta en este pasaje?

19 ¿Habrá un límite al v. 20? ¿Excluye toda ambición de mejorarse en la vida? Dé su opinión.

Note que algunos comentaristas piensan que el v. 23 no habla de la esclavitud como una institución, sino como una actitud hacia la vida.

20 Si es así, ¿qué es "ser libre"?

Se ve que este principio era importante para Pablo, ya que lo repite tres veces en este pasaje, y lo ordenaba en todas las iglesias (v. 17).

21 ¿Cómo relacionamos este planteo de Pablo con el pasaje anterior (vv. 8-16)?

9   *1 Corintios 7:25-40*

Aunque este pasaje tiene sus complicaciones, su tema principal es claro: Si uno no está casado, ¿conviene casarse? De nuevo, la forma del v. 25 sugiere que Pablo está respondiendo a un planteo de la carta de los corintios.

La palabra "virgen" (v. 25, RV) significa una persona que no ha tenido relaciones sexuales, o no casada. En el v. 25 es plural, y puede referirse tanto a hombres como a mujeres. Aunque aquí (v. 25) es más probable que Pablo esté hablando a los hombres no casados. La misma palabra está en el v. 28, pero en ese caso es femenina.

De nuevo Pablo afirma que está dando su propia opinión, porque no tiene un mandamiento específico del Señor. En esencia, da cuatro razones para no casarse.

v. 26

El término "necesidad que apremia" (RV) significa una dificultad o necesidad que está presente o por llegar. No sabemos realmente a qué dificultad de su tiempo se refiere.

1   ¿Podemos decir lo mismo hoy? Es decir, que es mejor no casarse por la situación generalizada que existe o que pueda venir? Explique.

Vv. 27, 28

La VP ofrece una traducción muy clara del v. 27. Pablo repite, en esencia, el argumento de los vv. 17-27: es mejor quedarnos como estamos.

Sin embargo, no es "pecado" casarse... aunque Pablo no lo recomienda. Su razón aquí es que tendríamos "aflicciones de la carne" (RV) y Pablo quería evitarnos eso. El primer término (aflicción) es común en el Nuevo Testamento y se refiere a "dificultades, sufrimientos, circunstancias duras". El segundo término (carne) lo vimos en el estudio 6.

2   Busque la pregunta 7 del estudio seis. ¿Qué significa "carne" en este contexto (1 Corintios 7)?

3 Pablo, entonces, dice que sería mejor no casarse porque (complete la oración):

Vv. 29-31

La tercera razón de Pablo es que "el tiempo es corto".

4 ¿A qué tiempo se refiere Pablo?

a] ¿Qué evidencia encuentra en el pasaje para apoyar su interpretación de "tiempo"?

5 ¿Por qué es esa una razón para no casarse?

6 ¿Cómo entiende la última parte del v. 29?

La traducción del v. 30 en la versión VP es un buen ejemplo de una traducción "libre" que llega a ser interpretación. El pasaje simplemente dice "Los que lloran, como si no llorasen..." (RV)

7 ¿Cómo podemos llorar sin llorar, o alegrarnos sin alegrarnos? Explique.

Vv. 32-34

El argumento de Pablo en estos versículos gira alrededor de una palabra que repite cinco veces. La RV la traduce como "tener cuidado" (y "sin congoja" en el v. 32). La VP la traduce por "preocuparse", que es el significado de la palabra.

8 Explique con sus propias palabras el planteo de Pablo en estos tres versículos.

9 ¿Su propia experiencia confirma lo que Pablo dice, o es otra la realidad? Explique.

En el v. 35 Pablo explica sus intenciones al decir todo esto. Busque este versículo en más de una versión.

10 En esencia, ¿qué desea Pablo?

1 Corintios 7:36-40

Los vv. 36-38 están llenos de dificultades, a tal punto que las versiones RV, VP y NBE los traducen de maneras completamente diferentes.
Mucho depende del significado del término traducido "su hija virgen"

(RV). Literalmente es "su virgen" (la palabra "hija" no esTá en el original), y puede referirse a dos cosas:

a) Una joven soltera que está bajo el custodio de su padre o un guardián. El problema es que es extraño referirse a una hija como "su virgen" en griego.
b) Una joven soltera comprometida con el "alguno" del v. 36.

Aunque se puede entender el pasaje a la luz de cualquiera de las dos posibilidades, ciertos detalles siempre entran en conflicto en cualquiera de los dos casos. Note como la VP ofrece las dos posibles versiones del pasaje.

Note también que el v. 36 comienza con un "Pero..." Es decir, es la continuación de su argumento anterior.

11 A la luz de esto, ¿cuál de las dos alternativas (versión "a" o versión "b") es más coherente con el contexto del capítulo? Explique.

Supongamos que la versión "a" fuera correcta.

12 En este caso, ¿qué motivos justifican al padre (o guardián) para dar a la señorita en casamiento?

Un problema de esta versión ("a") es el v. 38.

13 ¿De qué manera es el v. 38 un conflicto con el planteo de Pablo en este capítulo si está hablando al padre o guardián?

Supongamos que la versión "b" es la correcta.

14 En este caso, ¿qué motivos justifica al hombre para casarse con su novia?

Luego, Pablo habla de la viuda y dice que ella también es libre para casarse de nuevo, aunque impone una condición.

15 ¿Cómo entiende usted esa condición?

16 Como repaso de todo este capítulo, anote en pocas palabras las instrucciones de Pablo en cada caso:
a] Vv. 1-7: los casados

b] Vv. 8,9: los viudos

c] Vv. 10,11: los creyentes casados

d| Vv. 12-16: Los casados cuando uno no es creyente

e| Vv. 25-38: los que nunca se casaron

f| Vv. 39,40: Casados y viudos

Sabemos que Pablo tuvo un concepto muy alto del matrimonio. Efesios 5:22-33 es un testimonio claro de esto. Sin embargo, dice que quedarse solo es "mejor" (v. 38) y "más dichoso" (v. 40).

17 A la luz de todo el capítulo, ¿por qué lo dice?

18 También a la luz de este capítulo, ¿cuáles son los principios esenciales que debemos enseñar a los jóvenes acerca del sexo y el matrimonio?

19 También, en forma de resumen, ¿qué principios encontramos para los matrimonios cristianos?

10 *1 Corintios 8:1-13*

Si bien Corinto está muy lejos de nosotros en tiempo y en cultura, los temas que hemos tocado hasta ahora son conocidos. En las situaciones que describe Pablo vemos rasgos de nosotros mismos.

Pero ahora estamos frente a un contexto cultural muy diferente. En una ciudad como Corinto, el centro para la vida social de la gente era el templo. Para celebrar una fiesta, sacrificaban un animal (o más); una parte de la carne era del sacerdote, una parte para los celebrantes y una parte para la mesa de los "dioses" (que muchas veces era vendida en el mercado después). Hacer fiesta era comer carne en presencia de los ídolos. Casi se puede decir que el templo era el "restaurante" de aquel tiempo.

La manera en que Pablo comienza esta parte implica que está respondiendo a otra pregunta (o planteo) de ellos. La cuestión es la participación en las fiestas del templo.

La primera parte de su respuesta la encontramos en los vv. 1-3. Note como la VP traduce el v. 1. Pablo repite lo que ya había afirmado: Dios nos ha dado un conocimiento especial por medio de su Hijo. Ellos han sido enriquecidos con ese conocimiento (la palabra en el v. 1 es la misma que "ciencia" en 1:5).

1 En base al contexto de *este* capítulo (8), ¿de qué conocimiento habla?

2 ¿Cuál es el peligro de tener un buen conocimiento, sin amor?

3 ¿Es peligroso tener amor sin conocimiento? Explique.

4 Explique el v. 2.

5 ¿Qué es lo que ellos no sabían todavía?

El segundo argumento de Pablo se encuentra en los vv. 4 a 6.

6 ¿En qué sentido los ídolos "son nada en el mundo" (RV)?

7 Pero si los ídolos son "nada", ¿cuál es el peligro?

Pablo reconoce que en Corinto había muchos "dioses" y muchos "señores".

8 ¿Se puede decir lo mismo de la ciudad donde usted vive?

Sin embargo, para nosotros hay un solo Dios y un solo Señor.

9 En base al v. 6, llene el cuadro.

	El Padre	**Jesucristo**
Su lugar en el universo:		
Su relación con nosotros:		

10 Note el v. 7. ¿Qué no conocían algunos?

11 Explique el principio del v. 8.

En el v. 9 Pablo habla de nuestra "libertad" (RV). La palabra normalmente se traduce por "autoridad", e implica el derecho de hacer algo.

12 ¿A qué derecho, libertad, se refiere Pablo?

En los vv. 9 a 13 Pablo presenta el problema del hermano "débil".

13 ¿Quién es este hermano "débil"?

Pablo dice que el hermano "fuerte", que come en el templo pagano, puede "hacer caer" (RV = tropezar) al hermano débil.

14 ¿De qué manera lo hace?

Pablo dice que el hermano débil puede "perderse" (v. 11). La palabra puede tener diferentes significados, según el contexto.

15 Anote el significado de la palabra en los siguientes versículos:
    a] Lucas 5:37

    b] Lucas 9:24

    c] Lucas 13:33

    d] Lucas 15:4

    e] Lucas 19:10

Una regla básica de la interpretación bíblica es que debemos entender que una palabra puede tener más de un significado según su contexto.

16 En este caso, ¿qué le pasará al hermano débil?

Note que Pablo dice que al pecar contra un hermano pecamos contra Cristo.

17 Busque por lo menos una cita bíblica que repita esta idea.

La conclusión de Pablo es el v. 13. Nosotros no tenemos el problema de carne ofrecida a ídolos. Pero el *principio* de Pablo sigue vigente.

18 ¿Puede pensar en algo donde usted siente completa libertad, pero que puede ser un obstáculo serio para un hermano débil?

El problema es que si siempre seguimos la pauta de Pablo, entonces los "fuertes" viven esclavizados por la consciencia de los "débiles". ¿Es correcto esto?

19 Dé su opinión.

11 *1 Corintios 9:1-27*

Parece difícil pensar que los corintios hubieran cuestionado el apostolado de Pablo. Su misma existencia como iglesia se debía a Pablo. Pero aparentemente algunos, por lo menos, tenían "pruebas" de que Pablo no actuaba como un apóstol verdadero.

1 Corintios 9:1-18

Pablo comienza con cuatro preguntas (en este caso, la falta de preguntas en la VP es una interpretación). Su misma estructura gramatical en griego exigen un "sí" en cada caso.

Para nosotros, con el Nuevo Testamento en la mano, es fácil responder a tres de estas preguntas, pero una no es tan obvia.

1 ¿Qué "libertad" defiende Pablo? Busque en el contexto (lo que precede y sigue al pasaje) para encontrar alguna pista.

En el v. 3, entonces, Pablo dice "Esta es mi defensa." La acusación puede haber tomado una forma parecida a esto:

Se ve que Pablo no es como los verdaderos apóstoles. Ellos no trabajan para ganarse la vida, y ellos y sus familias son huéspedes de las iglesias que sirven. Pero este Pablo trabaja como cualquier labrador.

En su respuesta Pablo habla de tres "derechos" (vv. 4, 5 y 6). Habla del derecho de recibir sostén de las iglesias, de ir acompañado por una esposa y de aprovechar de la hospitalidad de las iglesias. (El v. 6 en la RV no es claro; hay que verlo en otras versiones.) Pablo defiende ese derecho de varias maneras.

2 Explique el argumento de Pablo basado en la experiencia común de ellos.

3 Explique el argumento de Pablo basado en la ley de Moisés.

4 ¿Dónde el Señor dio ese derecho en el Nuevo Testamento   (v. 14)?

Pablo deja bien en claro el derecho del obrero de recibir su sostén de las iglesias. Pero también insiste en que no ha utilizado ese derecho. Su primera razón se encuentra en el v. 12.

5 ¿De qué manera el usar su derecho hubiera estorbado el evangelio?

Su segunda razón la vemos en los vv. 15-18. Conviene leer estos versículos en varias versiones. Los comentaristas mencionan que Pablo, tal vez por emoción, deja truncado el v. 15. Una traducción aproximada de la segunda parte del versículo sería:

Porque prefiero morir antes que... ¡No, que nadie me prive de esa gloria!

6 ¿Qué es esa "gloria", o "satisfacción" (VP) que Pablo no quería perder?

7 ¿Por qué no quiso aceptar su derecho de vivir por el evangelio?

8 A la luz de estos versículos:
a] ¿Pablo predicó el evangelio porque quería hacerlo, o por obligación? Explique.

b] ¿Le parece que ese es el motivo correcto para nosotros también?

9 ¿Cómo debemos aplicar los vv. 1-18 a:
a] la iglesia?

b] los evangelistas y misioneros?

1 Corintios 9:19-23

Pablo, aquí, explica el principio que seguía al evangelizar.

10 ¿En qué sentido Pablo es "libre de todos" (RV, BJ)?

Sin embargo, se había hecho siervo (esclavo) de todos. Menciona a tres grupos específicos.

11 Pablo ya era judío. ¿En qué sentido tenía que hacerse judío?

Los "sin ley" (v. 21) eran los gentiles.

12 ¿Cómo podía Pablo vivir como si no estuviera bajo la ley y, sin embargo, estar bajo la ley?

13 En el v. 22 Pablo habla de los "débiles".
a] ¿Quiénes son?

b] ¿Hasta qué punto podemos ser como ellos?

El principio de Pablo es claro, y lo resume en la segunda parte del v. 22. Pero aquí se levantan dos preguntas. Si nos sometemos a los principios de la gente que nos rodea (v. 19) y actuamos como ellos, ¿no es esto una violación importante de los principios cristianos? Dios nos ha llamado a ser un pueblo distinto, santo. ¿No perdemos todo nuestro testimonio si nos hacemos como ellos?

14 Dé su opinión.

El segundo problema es que esto parece hipocresía. ¿Cómo pOdemos fingir lo que no somos para engañar así a la gente y ganarlos? Es lo mismo que hacen los Mormones y Testigos de Jehová.

15 Dé su opinión.

1 Corintios 9:24-27

Corinto era la sede de los Juegos Istmicos, segundos en importancia en el mundo griego después de los Juegos Olímpicos. Celebraban los juegos cada tres años, y aquí Pablo saca de ellos su ejemplo.

16 ¿A qué conclusión debe llevarnos el v. 24?

En el v. 25 Pablo habla de disciplinarse. Y en verdad, podemos aprender mucho del régimen de entrenamiento de un atleta. Este versículo nos hace recordar pasajes como 6:12 y 20.

Pero en el v. 18 Pablo se jacta de poder presentar el evangelio sin recibir recompensa, y ahora habla de premios.

17 ¿Se contradice? Explique su respuesta.

18 ¿Es el recibir un premio un motivo correcto para servir al Señor? Explique su respuesta.

19 ¿A qué conclusión debe llevarnos el v. 26?

El término "ser eliminado" (RV) o "descalificado" (VP), se refiere a uno que falla frente a una prueba. Vea este versículo (27) en otras versiones.

20 Pablo dice que se autodisciplina severamente a sí mismo.
   a) ¿Qué espera ganar?

   b) ¿Qué teme perder?

21 Este pasaje (vv. 24-27) tiene muchas aplicaciones directas a la vida cristiana. Dé por lo menos dos ejemplos prácticos.

12 *1 Corintios 10:1-11:1*

El v. 1 es una continuación del argumento de Pablo. (El "Porque..." de las versiónes RV y NBE es necesario.) Apela a las Escrituras (para ellos las Escrituras era el Antiguo Testamento) y a la experiencia de sus padres espirituales.

1 En los vv. 1-4 Pablo menciona varios incidentes de la historia de Israel. Explíquelas al grupo de estudio.

   a] Éxodo 13:20-22

   b] Éxodo 14:19-22, 29

   c] Éxodo 16:4, 13-15, 35

   d] Éxodo 17:1-7

Note el v. 2. Podemos interpretar la palabra "bautismo" aquí en su sentido más amplio, es decir, como una iniciación o como establecer una relación.

2 Si es así, ¿cómo podemos entender el v. 2?

Los judíos recibieron "agua milagrosa" más de una vez en su peregrinaje por el desierto. Como consecuencia, algunos escritores judíos dijeron que la misma fuente les seguía. Pablo clarifica la idea afirmando que la fuente era Cristo.

3 Note que Pablo llama a Cristo "la roca". Según los siguientes pasajes, ¿qué implica ese título? Duteronomino 32:15 (RV); Salmo 18:2.

Note como Pablo insiste cinco veces "*todos* ellos..." Aquí se refiere a todos los que salieron con Moisés de Egipto. Note también el v. 5 en las versiones VP o BJ. Pablo dice que los cuerpos de la mayoría de ellos quedaron esparcidos por el desierto.

4 ¿Cuántos de ellos, específicamente, entraron en la tierra prometida?

5 ¿A qué conclusión apunta Pablo en los vv. 1-5?

Estas cosas, dice Pablo, son ejemplos para nosotros para que no erremos como ellos. Y en los vv. 6-10 menciona cinco casos específicos de su historia.

6 Busque cada caso y anote la naturaleza de su pecado.
   a| V. 6: Números 11:1-34

   b| V. 7: Éxodo 32:1-35

   c| V. 8: Números 25:1-9

d] V. 9: Números 21:4-9

e] V. 10: Números 16:41-49 (un ejemplo entre varios)

En el v. 11 repite que todo esto ha de servir como ejemplo y como una advertencia para nosotros.

7 Su conclusión en el v. 12 es clara.
a] ¿Por qué pensaban los israelitas que estaban firmes?

b] ¿Por qué lo pensaban los corintios?

c] ¿Cuál es, entonces, nuestro peligro?

8 Note el contraste entre los vv. 12 y 13.
a] ¿Quiénes son los que necesitan la advertencia del v. 12?

b) ¿Quiénes son los que necesitan la promesa del v. 13?

9 Note que Dios no promete eliminar las tentaciones de nuestras vidas. ¿Por qué?

1 Corintios 10:14-11:1

Pablo aquí regresa a un tema que tocó en el capitulo 8, la participación en los templos paganos. En el capítulo 8 habló de los ídolos.

10 ¿Qué actitud debían tener hacia los ídolos, según el capítulo 8?

11 En este pasaje (10:14-33),
   a) ¿qué elemento nuevo agrega acerca de los ídolos?

   b) ¿Implica esto que el ídolo *sí* es algo en el mundo (ver 8:4)? Explique.

La "copa de bendición" (v. 16) es el nombre dado a una de dos posibles copas: la tercera (de cuatro) de la fiesta de la pascua; o a la copa, junto con oración, con que se terminaba una comida.

La palabra "comunión" generalmente significa participar juntos en algo. Se repite cuatro veces en este pasaje (v. 16 dos veces, v. 18 y v. 20). Conviene ver estos versículos en más de una versión, ya que la VP no es coherente en su traducción. (La palabra "participar" en los vv. 17 y 21 es otra, y significa compartir algo.)

12 Note los siguientes pasajes donde encontramos la misma palabra en griega (koinonia) que aquí se traduce "comunión". Haga una definición de ella. Romanos 15:26; 1 Corintios 1:9; 2 Corintios 6:14; Filipenses 3:10; 1 Juan 1:3.

13 Cuando Pablo habla de tener comunión con la sangre de Cristo, o el altar, o los demonios, ¿de qué está hablando?

14 Repita, entonces, el argumento de Pablo en los vv. 16-21 en sus propias palabras.

15 ¿Qué aprendemos de la iglesia en el v. 17?

16 ¿Qué significa el v. 22?

En el v. 23 Pablo repite el lema de 6:12. Pero ahora, junto con el v. 24, el enfoque es el "otro" del v. 24. En los vv. 25-29 Pablo bosqueja tres posibles situaciones.

17 *Primero*, los vv. 25, 26.
  a] ¿Por qué no se debe preguntar nada?

  b] ¿De qué manera es el v. 26 una explicación del v. 25?

18 *Segundo*, el v. 27. ¿Es esta situación esencialmente la misma, o hay una diferencia? Explique.

19 *Tercero*, los vv. 28, 29. ¿Cuál es la diferencia esencial de esta situación?

En un sentido, las dos preguntas de los vv. 29 y 30 parecen contradecir lo que Pablo dice anteriormente. Pero lo más probable es que Pablo esté respondiendo a una acusación de la carta de los corintios: "Pablo es un apóstol falso porque come carne ofrecida a los ídolos."

20 ¿Cómo responde usted a las dos preguntas de los vv. 29 y 30?

21 Note los tres principios básicos de la vida cristiana en los vv. 31-33. Busque para cada uno por lo menos una cita del Nuevo Testamento que repita el mismo principio.
a] V. 31

b] V. 32

c] V. 33

Recuerde que las divisiones de capítulos no están en los manuscritos originales. Hay razones, entonces, para terminar esta sección con 11:1.

22 ¿Debemos decir como Pablo, "Sed imitadores de mí"? ¿Debe ser *posible* que lo digamos? Explique.

13 *1 Corintios 11:2-16*

El capítulo once nos enfrenta con el desafío más grande de esta serie de estudios. Los primeros 16 versículos son muy discutidos, con una variedad grande de interpretaciones que se contradicen. Lo mejor que podemos hacer es intentar comprender lo que el pasaje *dice*, sin aferrarnos a ninguna interpretación en particular.

Pablo comienza felicitándolos por haber guardado sus enseñanzas. La palabra "instrucción" (RV) es literalmente "tradición", es decir, enseñanza que se pasa oralmente de una generación a otra.

Pero tuvo que objetar algo que no le parecía correcto. Y al revisar el pasaje vemos que principalmente tiene que ver con la práctica de las mujeres de cubrirse (o no) la cabeza. Ese es el tema principal, aunque mucha de la discusión alrededor del pasaje se ha concentrado en la relación entre hombre y mujer y el tema del pelo de ambos.

El v. 3 habla de una cadena de relaciones: Dios, Cristo, el hombre, la mujer. Para describir la relación, utiliza la palabra "cabeza". La interpretación tradicional siempre ha sIdo que "cabeza" implica autoridad, dirección. Aunque muchos comentaristas modernos afirman que en la literatura griega muchas veces tenía la idea de "origen, fuente" (como origen de un río).

Una de las maneras más seguras de comprender el significado de la palabra aquí es ver la manera en que Pablo la utiliza en otros pasajes.

1 ¿Qué significa "ser cabeza de..." según los siguientes pasajes:
a| Efesios 1:22

q| Efesios 4:15

c| Efesios 5:23

d| Colosenses 1:18

e] Colosenses 2:10, 19

2 En base a estos pasajes, y a la luz del planteo general del Nuevo Testamento, ¿qué significa:
a] Dios es "cabeza" de Cristo?

b] Cristo es "cabeza" del hombre?

Aparentemente, Pablo implica en este versículo que la relación entre el hombre y la mujer es semejante a las otras dos.

3 Si es así, ¿que significa que "el hombre es cabeza de la mujer"?

Lo que el pasaje *no* dice es si esta relación rige para todos o solamente dentro del matrimonio.

4 Busque por lo menos un pasaje del Nuevo Testamento que afirma una relación parecida entre el hombre y la mujer:
a] *dentro* del matrimonio.

b] *fuera* del matrimonio.

c] ¿A qué conclusión llega?

En cuanto a cubrirse la cabeza hay varias cosas que debemos tomar en cuenta.

Primero, el pasaje no dice en qué situación debemos aplicar esta regla. Recién en el v. 18 Pablo habla de una reunión de la iglesia. Necesitamos recordar que no tenían "templos" en esa época y, probablemente, Pablo esté hablando del contexto de una reunión casera.

Segundo, no hay demasiada claridad en cuanto a las costumbres en el Corinto de aquel tiempo. Los comentaristas no están de acuerdo. Es muy posible que las mujeres —tanto judías como griegas— normalmente se cubrieran la cabeza (no la cara) con un manto o algo parecido en público. Algunos afirman que las mujeres romanas nunca se cubrían, pero aún en este caso no hay acuerdo. En todo caso, las excepciones serían las sacerdotisas de ciertas religiones o prostitutas.

Los hombres no se cubrían la cabeza salvo en casos de luto. La práctica actual del hombre judío de cubrirse la cabeza es posterior a esta época. Y no hay evidencia de que los hombres (judíos o griegos) se cubrieran para orar.

Tercero, se cubrían con una tela, un manto. La práctica de usar tul (Argentina) o sombrero (Chile) en algunas iglesias realmente no es equivalente.

En el v. 4 Pablo dice que el hombre no debe orar o profetizar con la cabeza cubierta (veremos el significado de "profetizar" en el capítulo 14). Hacerlo, según Pablo, sería "afrentar su cabeza". La palabra "afrentar" significa avergonzar, humillar.

5 ¿A qué cabeza se refiere, a la propia o a la del v. 3? Dé sus razones.

6 ¿De qué manera orarcon la cabeza cubierta *deshonra* (VP) su cabeza? (Ver también el v. 7.)

El caso de la mujer es más difícil porque Pablo ofrece una alternativa. Dice que si ella no quiere cubrirse cuando ora o profetiza, entonces queda como "una mujer rapada", por lo tanto, debe cortarse el pelo como un hombre, o raparse.

7 ¿A qué cabeza deshonra la mujer si ora sin cubrirse? Dé sus razones.

8 ¿De qué manera orar con la cabeza descubierta deshonra a su cabeza?

9 El argumento de Pablo sugiere que había mujeres en la iglesia de Corinto que no querían cubrirse.
a] ¿Qué argumentos pueden haber tenido para no hacerlo?

b] Según Pablo, ¿qué implica esa actitud acerca de la mujer?

En este pasaje Pablo destaca la esencial igualdad del hombre y la mujer delante de Dios.

10 Explique el argumento de Pablo en los vv. 8, 9, 11 y 13 en sus propias palabras.

Sin embargo, aparte del v. 3, el v. 7 también sugiere una diferencia entre los dos. Refiere, en parte, a Génesis 1:26, 27, aunque Génesis no habla de *gloria*.

11 ¿En qué sentido será el hombre la *gloria* de Dios?

Más difícil es la afirmación de que la mujer es la gloria del hombre (no dice que la *refleja*). Conviene buscar la palabra "gloria" en una concordancia, y ver especialmente como Pablo la utiliza. Pasajes como 1 Corintios 15:40, 2 Corintios 3:7, 1 Tesalonicenses 2:20 y Hebreos 2:7 nos ayudan a ver la amplitud del término.

12 ¿En qué sentido, entonces, será la mujer la gloria del hombre?

La primera conclusión de Pablo es el v. 10. Literalmente dice:
Por esta razón es necesario que la mujer tenga autoridad sobre su cabeza...
La mayoría de las versiones agregan "señal de" para aclaración. La palabra "autoridad" no sugiere sujeción, sino derecho propio. Es la misma palabra que encontramos en pasajes como Mateo 7:29, Juan 1:12 y Hechos 9:14. Lo que dice Pablo es que la mujer se cubre para indicar su autoridad.

13 A la luz de esto, ¿cómo entiende esa afirmación?

La referencia a los ángeles no es obvia. No hay ninguna indicación de que son ángeles "malos", como lo han sugerido algunos comentaristas. Realmente, el Nuevo Testamento habla poco de la relación entre los ángeles y la iglesia.

14 Si tomamos en cuenta Efesios 3:10 y 2 Pedro 1:10, ¿qué relación puede haber entre los ángeles y esta acción de parte de la mujer?

El v. 13 es difícil porque apela al "sentido común" de los corintios. La respuesta es obvia para Pablo, y probablemente para los corintios también. Hubieran respondido: "No, no es propio."

Pero en muchas culturas de la historia y del mundo actual no es tan obvia. Para ellas, que la mujer se cubra la cabeza con una tela para orar no significa nada, sino una costumbre extraña.

15 ¿Cómo respondería la mayoría de la gente de *su* barrio a esa pregunta?

Con el tema del pelo (los vv. 14 y 15) estamos en una misma situación. Primero, porque "corto" o "largo" es muy relativo. Los hombres del siglo pasado muchas veces llevaban su cabello hasta los hombros. Así "largo" puede significar "suficiente para tapar las orejas" o "hasta el cinturón".

Segundo, hay culturas, mayormente africanas, donde tanto hombres como mujeres llevan su cabello *muy* corto.

George Whitfield, evangelista destacada del siglo 18.

El v. 15 es el único del pasaje que habla de "velo". Aunque una traducción literal de la última parte del versículo sería:

El pelo largo le ha sido dado como cubierta.

La palabra "cubierta" no es una tela fina, una "mantilla" sino una capa, un manto.

16 ¿Por qué habrá insistido tanto Pablo en el corte de pelo? ¿Qué le motivará a sacar el tema?

17 ¿Qué conclusión podemos sacar de los vv. 14 y 15 hoy? ¿Qué es "largo" o "corto"? ¿Cómo lo aplicamos hoy?

El v. 16 es la conclusión de Pablo.Sugiere que ellos estaban discutiendo estos temas, pero Pablo apela a las *costumbres* de las iglesias.

Varias veces en el capítulo 7 Pablo dijo "Esto no es ley, sino mi opinión".

18 ¿Podemos tomar el v. 16 de la misma manera? Explique su respuesta.

14   *1 Corintios 11:17-34*

El v. 17 refiere, indirectamente, al v. 2. Les felicitó por haber seguido las instrucciones (tradiciones) que les había comunicado. Aunque, a la luz de los capítulos anteriores, seguir las tradiciones no necesariamente produce una iglesia sana.

Pablo ha tocado varios temas relacionados con la vida de la iglesia pero, hasta ahora, no de sus reuniones. Desde este pasaje, y hasta el capítulo 15, su preocupación es acerca de lo que hacían en sus cultos.

1 Corintios 11:17-26

La Versión VP comunica bien la idea del v. 17: sus reuniones hacían más daño que bien. Aparentemente, durante los primeros años de la iglesia primitiva, celebraron una reunión parecida a la última cena. Es decir, se reunían para comer juntos y, en algún momento de esa comida, tomaron el pan y el vino. Llamaron a esas comidas "fiestas de amor" (Judas 12, VP).

Es importante recordar el contexto cultural de Corinto que vimos en el estudio 10 con referencia al capítulo 8.

De nuevo Pablo les llama la atención a las divisiones entre ellos, pero en este caso no tienen que ver con las divisiones que vimos en los capítulos 1 y 3.

1   Busque en el contexto de este capítulo (vv. 18-34) la naturaleza de estas divisiones.

2   ¿Por qué son, en un sentido, peores para la iglesia que las divisiones que mencionó antes?

La palabra traducida "divisiones" en el v. 18 a veces se traduce por "secta" (Hechos 5:17) o "herejía" (Hechos 24:14).

3 Pablo dice que es *necesario* que tengan tales divisiones. ¿Cómo entiende usted su argumento?

4 Trate de describir lo que hacían, con sus propias palabras. Tome en cuenta los vv. 21, 22, 33 y 34.

5 En el v. 20 Pablo dice que en sus reuniones no celebraban la Cena del Señor. ¿Cuál tuvo que haber sido la raíz del problema?

Pablo procede a reafirmar la esencia de la Cena. Aparentemente escribió su carta antes de que aparecieron los Evangelios. Así que éste es el relato más antiguo de la institución de la Cena.

Note que la palabra "partido" (RV) no aparece en los manuscritos griegos más antiguos. Note también que, según Pablo, comieron el pan durante la cena (ágape) y tomaron la copa después.

En la historia de la iglesia hay esencialmente tres interpretaciones en cuanto al significado del pan y el vino:

- Uno come literalmente carne y sangre de Cristo, no pan y vino (la iglesia católica).
- Cristo está realmente presente en el pan y el vino, aunque sigue siendo

pan y vino (algunas iglesias de la Reformación).

• Con el pan y el vino recordamos la muerte de Jesucristo.

6 ¿Hay alguna evidencia *en el contexto* que apoya una de estas tres posiciones?

7 En este pasaje Pablo menciona dos propósitos de la Cena, que son:
a]

b]

8 Cuando el v. 26 dice que "anunciamos" la muerte del Señor, ¿qué significa? ¿De qué manera lo hacemos?

9 Si ellos hubieran comprendido bien el verdadero significado de la Cena, ¿cómo tendrían que haber sido sus reuniones?

1 Corintios 11:27-34

Pablo destaca la gravedad de su conducta con advertencias. Pero es importante notar que la advertencia no es para los que participan "siendo indignos", sino los que lo hacen "de manera indigna", una diferencia muy importante.

10 Explique esta diferencia a la luz del contexto de este pasaje.

Pablo dice que la persona que participa de manera indigna es *culpable* del cuerpo y de la sangre del Señor. Se ve el significado de la palabra (culpable) en pasajes como Mateo 5:21, 22; Mateo 26:66; Santiago 2:10.

11 De nuevo, a la luz del contexto de este pasaje, ¿de qué es culpable esa persona?

Como consecuencia, dice Pablo, uno debe "probarse" (RV), o "examinarse a sí mismo" (VP). El verbo que utiliza significa examinar o probar una cosa para ver su calidad (como en 1 Pedro 1:7). Note su uso en Gálatas 6:4 y 2 Corintios 13:5.

La pregunta, entonces, es: ¿probar qué? ¿Debemos examinarnos para ver si estamos en condiciones espirituales para participar en la Cena? ¿Debemos examinarnos para ver si comprendemos el significado de la Cena? Y si fallamos en la prueba, ¿qué debemos hacer?

12 Dé su opinión.

El v. 29 tiene algunas complicaciones. Primero, las palabras "indignamente" y "del Señor" (RV) no deben incluirse (como en las versiones NBE y BJ).

Segundo, normalmente hay confusión en cuanto a la palabra "cuerpo". Puede significar una de dos cosas:

- El cuerpo literal de Cristo, como en 11:24.
- El cuerpo de Cristo que es la iglesia, como en 10:17.

13 Si tomamos en cuenta el problema que Pablo trata en todo este pasaje (vv. 17-34),

a] ¿qué posibilidad le parece más aceptable?

b] ¿Qué quiere decir Pablo, entonces, en el v. 29?

El v. 30 llama la atención porque es uno de los pocos que sugieren que las enfermedades pueden ser resultado del pecado individual (si miento hoy, tengo resfrío mañana). Note que "dormir" significa "muerto" en varios pasajes.

El problema es que el planteo general del Nuevo Testamento no apoya esa posibilidad (dos ejemplos son Lucas 13:2-5 y Juan 9:1-3). Tampoco lo apoya nuestra *experiencia*, porque entonces la iglesia de bajo nivel espiritual debe estar llena de enfermos y de mucha gente moribunda. Pero no es así en la práctica.

Es una tentación tomar el versículo en un sentido *espiritual*. Los tres términos —enfermos, debilitados y dormidos— se usan a veces en el Nuevo Testamento para describir un estado espiritual. Pero ningún comentarista lo toma de esta forma.

Simplemente tenemos que aceptarlo como un comentario de la situación en Corinto.

14 Pablo dice, entonces, que debemos examinarnos. Y en los vv. 31 y 32 da dos alternativas:

a] si nos examinamos, el resultado será:

b] Si *no* nos examinamos, el resultado será:

Es importante notar que el verbo "castigar" en el v. 32 [paideúo] significa principalmente disciplinar, educar (Ej. Hechos 22:3; 1 Timoteo 1:20; Tito 2:12).

15 En resumen, entonces, ¿cuáles son las instrucciones de Pablo para corregir este problema en la iglesia de Corinto?

Pablo termina esta sección con una frase que nos deja con ganas de saber de qué se tratan esas "otras cosas" que iba a poner en orden. ¿Cuáles otros aspectos de la vida de la iglesia iba a tocar? Sabemos que las cartas apostólicas que tenemos no eran las únicas. Y sabemos que hay muchos temas que merecen ser desarrollados ampliamente, sin embargo, las Escrituras apenas los tocan. Todo esto debe ayudarnos a recordar las limitaciones de nuestro conocimiento y que hemos apenas probado de las riquezas de nuestro Dios.

15 *1 Corintios 12*

Los capítulos 12 a 14 tratan esencialmente el mismo tema: los "dones espirituales" y su aplicación a la iglesia. Como vimos en el principio de este estudio, ellos dieron mucha importancia a los dones; pero fallaban en su aplicación.

En este cuaderno no vamos a examinar la naturaleza de cada don. Para eso recomendamos la guía de estudio "Dones del Espíritu" de los Cursos para el Crecimiento Cristiano. El tema de Pablo aquí es la aplicación de los dones a la vida de la iglesia y en eso enfocaremos el estudio.

1 Corintios 12:1-11

En la versión griega, Pablo comienza esta sección diciendo "En cuanto a..." (como en la BJ). Hizo lo mismo en los capítulos 7 y 8 cuando se refería a temas que ellos habían planteado en su carta. Aquí, entonces, de nuevo responde a ellos y a la situación de su iglesia.

Aunque la mayoría de las versiones hablan de "dones espirituales" en el v. 1, la palabra que Pablo utiliza normalmente se traduce de otra manera. A veces refiere a personas espirituales (como en 2:15), y otras veces a cosas espirituales (como en 15:44). La palabra para "don" es otra.

El tema, de estos capítulos, entonces, no es tanto "dones", como "las cosas espirituales", o aún mejor, "lo espiritual". No explica los dones, sino habla de su aplicación sana a la vida de la iglesia.

Los vv. 2 y 3 sirven como una "prueba" de las manifestaciones espirituales. Note que la palabra "anatema" (RV) significa maldito, bajo maldición.

1 ¿Cuál puede haber sido el problema que dio origen a esta "prueba" de Pablo?

2 Pablo habla de los "ídolos mudos" en el v. 2, pero ¿qué evidencia hemos visto en los capítulos anteriores de que los "ídolos mudos" pueden ser origen de "manifestaciones espirituales"?

Hoy es fácil para una persona decir las *palabras* "Jesús es Señor". Pero decirlo por el Espíritu Santo, implica una vida sometida a ese señorío.

La palabra "don" en el v. 4 es "*cárisma*", que viene de la palabra griega "*cáris*", gracia. Es un regalo de Dios, un regalo de gracia.

Note como Pablo repite la palabra "diversidad" en los vv. 4-6. Está hablando de lo que nosotros llamamos los "dones espirituales", aunque utiliza otros términos. Busque este pasaje en otras versiones.

3 En base a los versículos 4-7, ¿qué definición daría de lo que llamamos "dones espirituales"?

Pablo pone énfasis en la diversidad de ministerios del Espíritu.

4 Pero, también repite tres veces "...el mismo."
a] ¿Qué es "el mismo"?

b] ¿Por qué, a la luz del contexto, hace este énfasis?

Es importante notar que la palabra "provecho" en el v. 7 es colectivo, no individual. Como dice la BJ, es para el "provecho común". Los dones no son para nuestro beneficio particular, sino para el bien de la iglesia de Dios.

En los vv. 8-10 Pablo hace una lista de dones. Por supuesto, no son los únicos, y Romanos 12, Efesios 4 y 1 Pedro 4 nombran otros. Si tomamos solamente estas listas, hay por lo menos 19 dones. Pero de nuevo, recomendamos el cuaderno "Los dones del Espíritu" para un estudio de la naturaleza de estos dones.

5   En base a estos primeros once versículos:
  a] ¿Qué miembros de la iglesia tienen dones?

  b] ¿Cómo consiguen su don?

  c] ¿Cuál es el propósito de su don?

6   Si estos dones no están presentes en una iglesia, ¿qué preguntas debemos hacer?

7   ¿Hay alguna indicación en esta primera sección de que un don es más "importante" que otro? ¿En qué se basa su respuesta?

1 Corintios 12:12-27

Pablo utiliza la figura del cuerpo humano para describir la función de los dones en la iglesia. Los dones sirven para el crecimiento del cuerpo de Cristo.

9 Según Pablo ¿es posible ser cristiano y *no* ser parte de este cuerpo? ¿Por qué?

En los vv. 14-27 Pablo se ocupa de varias posibles distorsiones en el uso de los dones; abusos que son bastante comunes ahora también.

Por ejemplo, la mayoría de los creyentes piensan que los predicadores y los maestros son las personas más importantes en la iglesia por el papel que juegan.

11 ¿Qué diría Pablo al respeto?

12 ¿Qué actitud debe tener la persona que piensa que no tiene ningún don?

13 Cuando Pablo habla de los "más débiles... menos dignos... menos decorosos" en los vv. 22 y 23, ¿de quiénes habla?

14 En la práctica, ¿cómo debemos tratar a tales personas?

La palabra "desavenencia" en el v. 25 (según la RV; la VP tiene "desunión") es la misma que vimos en 11:18 y significa división. Dios no quiere que haya ninguna clase de grupos separados en la iglesia, ni por motivos de raza, de edad, de sexo, de profesión o de don.

15 ¿Cuáles son las pautas que Pablo da para evitar eso?

16 Complete la siguiente frase: "Es necesario que haya una variedad de dones en la iglesia porque..."

1 Corintios 12:28-31

Hay varios temas que Pablo destaca en este capítulo, como por ejemplo, la importancia de cada miembro de la iglesia y la diversidad de las manifestaciones del Espíritu.

En el v. 28 comienza con un concepto que ya ha repetido varias veces en el capítulo: "...puso Dios."

17 Busque en el capítulo dónde Pablo repite esa idea.

a| ¿Cuántas veces lo dice?

b| Según el contexto de esos pasajes, ¿por qué lo enfatiza tanto?

Note que los primeros dones que Pablo menciona esta vez no son manifestaciones, sino personas. Son los mismos que nombra en Efesios 4:11. Los pone primero porque son, en un sentido, el fundamento de la comunidad que es la iglesia (ver Efesios 2:20).

Aunque da la impresión que las manifestaciones que Pablo menciona después tienen orden de importancia, los comentaristas dicen que no necesariamente es así. Y en todo caso, si Pablo dijera que alguna manifestación era más "elevada" que otra, contradeciría su planteo en los vv. 14 a 25.

18 En cuanto a las preguntas de los vv. 29 y 30,

a| ¿Qué respuesta espera Pablo de ellas?

b| ¿Por qué hace las preguntas?

Pablo dice que debemos desear los dones mejores, aunque hasta aquí, ha insistido que todos los dones son igualmente necesarios.

El v. 31 realmente no mira atrás, sino adelante. En el capítulo 13 muestra *como* debemos aplicar los dones. En el capítulo 14 explica porque un don puede ser más deseable Que otro.

En un sentido, el v. 31 contradice el v. 11. Si Dios reparte los dones según la necesidad de la iglesia, ¿cómo podemos nosotros buscar el don que queremos?

19 ¿Qué opina usted?

20 Después de haber estudiado este capítulo:

   a) ¿Cuál parece ser el problema que los corintios tenían con los dones espirituales?

   b) ¿Cuál es, en esencia, la respuesta de Pablo?

16 *1 Corintios 13*

Normalmente utilizamos al capítulo 13 como si fuera un escrito aparte pero realmente, se ubica justamente en el contexto de una discusión acerca de las manifestaciones del Espíritu y su aplicación en la iglesia. Note como en los vv. 1-3 se repiten varias de las manifestaciones del capítulo 12.

Pablo, en 12:31, dice que quería mostrarles un "camino más excelente". Es decir, el amor no es "el mejor de los dones", sino la manera correcta de *aplicar* los dones. Es un camino, una manera de vivir.

1 Corintios 13:1-7

Pablo afirma que aun el más sublime de los dones, si no se ejercita con amor, vale nada. Lo que dice en los vv. 1-3 es bello, pero también es muy práctico. Vamos a examinar estas manifestaciones, "con" y "sin" amor, para aclarar el contraste que destaca Pablo. Sea muy práctico en sus respuestas y, si es posible, responda con ejemplos de la vida diaria.

1 Los comentaristas piensan que Pablo se refiere al hablar En lenguas en el v. 1. Si es así, ¿qué significa hablar en lenguas:

a] con amor?

b] sin amor?

2 ¿Qué significa profetizar (o predicar):

a] con amor?

b] sin amor?

3 ¿Qué significa tener un conocimiento profundo de los misterios de Dios:
a] con amor?

b] sin amor?

4 ¿Qué significa tener fe:
a] con amor?

b] sin amor?

Lo que dice Pablo es muy real. Casi todos hemos visto ejemplos de hermanos que ejercitan algún "don" en la iglesia, pero que carecen de amor. El resultado siempre es un daño.

Pero aquí surge el problema de las motivaciones. ¿Qué pasa si no *sentimos* el amor en una situación? ¿Es mejor no hacer nada en ese caso?

6 Dé su opinión.

7 Pero ¿es realmente posible para una persona sacrificarse como describe el v. 3 sin la motivación del amor? Dé un ejemplo, si le parece que es posible.

8 Pablo habla de dar todos sus bienes a los pobres, pero sin amor.
a) ¿Pueden los bienes materiales sustituir al amor? Explique.

b) ¿Puede el amor sustituir a los bienes materiales? Explique.

Los vv. 4-7 son una definición. La tendencia es pensar en el amor como algo sublime, bello... y abstracto. Si uno pregunta en la calle "¿Qué es el amor?", tendría una multitud de respuestas dispares. Pero Pablo dice que el amor es una cosa muy práctica: es un estilo de vida.

Estos versículos (4-7) mencionan quince aspectos específicos del amor. Es importante buscar este pasaje en la mayor número de versiones posibles.

Para el siguiente ejercicio, trate de dar *su* definición del término, una versión propia, "criolla". Si es posible, hágalo con un ejemplo actual. Tomamos los términos de la versión RV.

9 El amor:

a| es sufrido.

b|

c| no tiene envidia.

d| no es jactancioso.

e| no se envanece.

f| no hace nada indebido.

g| no busca lo suyo.

h] no se irrita.

i] no guarda rencor.

j] no se goza de la injusticia.

k] se goza de la verdad.

l] todo lo sufre.

m] todo lo cree.

n] todo lo espera.

ñ] todo lo soporta.

10 ¿Hay alguna indicación en estos versículos que el amor es una emoción? Si no lo es, ¿qué es?

11 En base a todo lo que dice este pasaje, defina el amor.

12 En la práctica, ¿qué debemos hacer si simplemente no nos sentimos amables, o si tenemos que tratar con una persona que nos cae muy mal?

1 Corintios 13:8-13

Pablo dice que el amor es permanente, pero que por lo menos tres de las manifestaciones dejarán de ser. El verbo "acabar" (v. 1 dos veces, v. 10 y v. 11 donde la RV dice "dejar") significa dejar inefectivo a algo, anularlo.

13 ¿Por qué han de desaparecer estas tres (por lo menos) manifestaciones?

14 ¿*Cuándo* desaparecerán? Examine bien los vv. 8-13 para encontrar toda indicación de cuándo será.

Pablo hace contraste entre lo que podemos comprender ahora y lo que comprenderemos en ese día futuro. Note que el "espejo" del v. 12 era de bronce pulido. Aun los espejos de mayor calidad eran muy inferiores a los nuestros, y pocos cristianos hubieran tenido un espejo de alta calidad.

15 ¿Por qué estamos tan limitados en nuestro conocimiento ahora?

16 ¿Por qué será diferente la situación en "aquel día"?

Pablo dice que tenemos fe, esperanza y amor. La fe es la base de nuestra relación con Dios; vivimos en la esperanza de verle a nuestro Señor y experimentar la "salvación plena".

17 ¿Cómo puede decir Pablo, entonces, que el amor es superior a estos dos?

18 Note que el amor no es un don. ¿Por qué?

17   *1 Corintios 14*

Pablo, esencialmente, trata dos temas en este capítulo: las lenguas y la profecía. Los comentaristas piensan que hubo abusos en cuanto al uso de las lenguas en la iglesia de Corinto, lo que explica el espacio que ocupa con el tema.

1   Por ejemplo, ¿cuántos de los 40 versículos de este capítulo tratan directa o indirectamente de las lenguas?

1 Corintios 14:1-19

El planteo de Pablo es simple: "Generalmente es mejor profetizar que hablar en lenguas" y una buena parte del capítulo se ocupa de sus razones. Pero es importante definir los términos según el uso que Pablo les da aquí.

Note que la palabra "extraño" o "desconocido" en los vv. 4, 13, 14, 19 y 27 no está en el original (por ejemplo, la BJ no las tiene). Su inclusión es una interpretación de parte de los que piensan que las lenguas de 1 Corintios 12 son lenguas humanas, pero desconocidas por los que las hablan (como en el caso de Hechos 2). Pero no es necesariamente así.

2   Busque toda evidencia *en este capítulo* para decir:
a| ¿qué es hablar en lenguas?

b| ¿qué es profetizar?

Aquí una nota de advertencia. Es el fenómeno que podemos llamar "esto es aquello". Es la tentación de insistir que una experiencia que tenemos hoy, es la misma que menciona algún pasaje de la Biblia. Pero, obviamente, ésta es solamente una posibilidad, no una seguridad.

Un ejemplo sencillo. El v. 15 menciona "cantar con el espíritu", y varios grupos tienen una experiencia que ellos dicen es la misma. *Puede* ser, pero realmente, no lo podemos saber. De la misma manera no podemos estar seguros de que lo que Pablo llama "hablar en lenguas" y "profecía" es lo mismo que nosotros practicamos hoy día.

3 En términos generales, ¿cuáles son las razones principales que propone Pablo para reafirmar que es mejor profetizar que hablar en lenguas en la iglesia?

4 ¿Cuál es la única excepción a esta regla?

5 Según Pablo, ¿cuál es el beneficio principal de:
a| hablar en lenguas?

b| profetizar?

6 Note que Pablo insiste en que la persona que habla en lenguas debe pedir la capacidad de interpretar. ¿Por qué?

El v. 6 subraya el hecho de que el verdadero problema aquí no es una tensión entre lenguas y profecía, sino su uso en la iglesia. Uno debe hablar lo que la iglesia puede entender y que es beneficioso. La preocupación principal de Pablo es edificar la iglesia (v. 12).

Note que Pablo afirMa (vv. 14, 15) que una persona puede orar y cantar con su espíritu y con su entendimiento.

7 ¿Cómo entiende usted la diferencia?

8 ¿Cómo podemos orar y cantar con el espíritu y con el entendimiento a la vez?

1 Corintios 14:20-33

Para comprender lo que sigue de este capítulo, es necesario recordar que las reuniones de las primeras iglesias eran muy diferentes a las que tienen la mayoría de nuestras iglesias hoy. Tenían una forma de culto menos organizado, y con un ambiente mucho más informal. Había libre participación de todos los que querían. Esto lo vemos especialmente en los vv. 26-33.

La exhortación de Pablo aquí, entonces, es que piensen con cordura acerca de sus reuniones, especialmente en cuanto al hablar en lenguas.

El v. 21 es una adaptación de Isaías 28:11 y 12. No es fácil entender el argumento de Pablo al incluir esta referencia a Isaías.

9 Según el contexto de ese pasaje de Isaías, ¿por qué Dios les habló en lenguas extranjeras que no podían comprender?

La conclusión de Pablo (v. 22) es que las lenguas son una señal a los incrédulos.

10 ¿De qué manera Hechos 2 comprueba los vv. 21 y 22?

Los corintios pensaban que el hablar en lenguas era una evidencia para todo el mundo acerca de su espiritualidad, de que Dios estaba con ellos. Pero Pablo dice que no. Afirma que si una persona entra en su reunión, y todos hablan en lenguas, pensaría que están todos locos.

11 ¿Por qué, si todos hablan en lenguas, la persona que entra de afuera no se da cuenta de que Dios está con ellos?

12 ¿Por qué, según Pablo, la profecía tiene un impacto más positivo?

1 Corintios 14:26-33

El v. 26 indica las diferentes posibles maneras en que los hermanos de Corinto participaban en su culto. Note que la palabra "salmo" (RV) significa un himno, posiblemente original, y no un salmo del Antiguo Testamento.

Este pasaje, y 11:17-34, son los únicos que nos sugieren cómo eran las reuniones de las primeras iglesias. Conviene buscar estos pasajes en más de una versión.

13 En base a ellos, trate de describir el culto en la iglesia de Corinto.

14 Note que Pablo da cuatro reglas para los que hablaban en lenguas. ¿Cuáles son?

a)

b)

c)

d)

Asimismo Pablo da instrucciones para los que profetizaban. Note que "los demás" (RV) en el v. 29 puede referirse a los demás profetas, o a los demás miembros de la congregación, aunque esta última posibilidad podría ser más factible.

15 ¿Cuáles son las cuatro reglas de Pablo para los que profetizan en el culto?

a)

b)

c)

d)

16 De nuevo, Pablo aclara que toda participación en el culto debe tener un propósito claro. Según este pasaje, ¿cuál es ese propósito?

17 ¿Hay alguna indicación en el pasaje acerca de quién es responsable del orden del culto? Explique.

Note que los traductores terminan un párrafo con la primera parte del v. 33 y comienzan otro con la segunda parte. Pero esta división es una interpretación y no tiene que ser así. Por ejemplo, la NBE comienza el próximo párrafo con el v. 34.

18 ¿Qué tiene que ver esa frase (v. 33) con el argumento de Pablo en esta lección?

19 ¿Cuál sería la lección más importante de este párrafo para *su* iglesia?

1 Corintios 14:34-40

Llegamos a otro de esos pasajes "difíciles". El problema es simple: la aparente contradicción entre 11:5 y 14:34, 35. El argumento del capítulo once no tiene sentido si las mujeres no participaban oralmente en el culto. Pero ahora, aparentemente, Pablo lo prohibe. Primero, algunas observaciones.

- Los comentaristas indican que los vv. 34 y 35 se ubican después del v. 40 en algunos manuscritos importantes. Esto sugiere que no eran del texto original, sino que fueron agregados en algún momento posterior. Si fuera así, entonces desaparece el problema y el v. 36 comienza la conclusión de Pablo.

- Algunos comentaristas sugieren que el problema es que las mujeres estaban charlando entre sí y, de esta manera, creando un disturbio. Sin embargo, aunque es posible traducir el verbo "hablar" de esa manera, en el Nuevo Testamento generalmente, y en los 22 otros versículos de este capítulo donde se usa, significa simplemente "hablar".

- Otra solución que ofrecen algunos comentaristas es que el capítulo 11 tiene que ver con reuniones caseras o privadas, mientras que aquí se trata del culto de la iglesia. Pero de nuevo, es necesario recordar que no tenían un culto formal... *todas* sus reuniones eran "caseras".

20 Específicamente, ¿cuáles son las razones que da Pablo por las que las mujeres no deben hablar?

a|

b|

c|

21 ¿Qué opina usted. ¿Se aplican estos tres motivos hoy también? Explique sus razones en cada caso.

a|

b)

c)

Hay por lo menos cinco maneras generales de interpretar estos dos versículos (vv. 34 y 35).

1) Que estos versículos no eran parte del texto original, y por esta razón no debemos tomarlos en cuenta ahora. En algunos manuscritos están más adelante en el capítulo.
2) Que la prohibición de Pablo es que la mujer no debe dominar, no debe pretender enseñar a la iglesia. Dentro de estos límites, entonces, puede participar como indica el capítulo 11.
3) Que esta es una prohibición absoluta. La mujer no debe participar audiblemente en las reuniones de la iglesia. El problema de interpretación no es con estos versículos, sino con el capítulo 11.
4) Que el pasaje refiere a un problema cultural de esa época. Antes era indecoroso para la mujer hablar en la iglesia, pero ahora no. Este problema era para Corinto, no para nosotros.
5) Que el problema eran los excesos de las mujeres. Hablaban demasiado en lenguas, gritaban, discutían. Lo que buscaba Pablo era orden, no silencio.

22 De estas cinco posibilidades, ¿cuál le parece más aceptable? ¿Por qué?

Los vv. 36-40 son la conclusión de Pablo de estos tres capítulos sobre las manifestaciones del Espíritu.

23 ¿Qué propósito tiene su pregunta en el v. 36?

Por tercera vez, Pablo los enfrenta con la frase "Si alguno se cree..." En 3:18 era "sabio"; en 8:2 era "que conoce algo". Ahora enfrenta al que cree que es "espiritual" y dice que debe reconocer que Pablo basa sus instrucciones en los mandamientos del Señor (v. 37).

Note como la VP traduce el v. 38 (otras versiones, como la BJ, la traducen de la misma manera).

24 ¿Cómo lo entiende usted?

La última palabra de Pablo es que debemos hacer todo "decentemente" (de una manera respetable, correctamente) y con orden.

En realidad, algunos cultos tienen tanto orden que parecen un velatorio; otros, en cambio, tienen tanta libertad que se parecen a un circo.

25 ¿A la luz de estos tres capítulos, cuál es el camino "equilibrado" que trazà Pablo?

18 *1 Corintios 15*

Con el capítulo 15 llegamos al último de la serie de "problemas" en la iglesia de Corinto. Según el v. 12, algunos de ellos negaron la resurrección que, según Pablo, es casi equivalente a negar la fe.

1 Corintios 15:1-11

Pablo, antes de mencionar el problema mismo, pone la base doctrinal. Como ha hecho varias veces en esta carta, regresa a los fundamentos del evangelio mismo para apelar a ellos.

Pablo les hace recordar el evangelio que les había predicado y dice que ellos:

- lo recibieron.
- perseveran en ello.
- lo retienen.

Afirma que si lo han retenido, "están siendo salvos" (el verbo da esta idea) pero, si no, han creído en vano.

1 Acerca de esto:

a] ¿Qué entiende usted por "creer en vano"?

b] ¿Puede encontrar por lo menos un pasaje más que sugiera que es posible creer en Cristo, pero en vano?

Los comentaristas piensan que los vv. 3-5 forman uno de los primeros "credos" de la iglesia. Los creyentes no tenían un Nuevo Testamento todavía y, aparte de las cartas apostólicas que puedan haber recibido, tenían que guardar el mensaje en su memoria. Bosquejos de doctrina —credos— como los vv. 3-5 los ayudaron a recordar los fundamentos de la fe.

Note como repitE dos veces: "Conforme a las Escrituras". Y, por supuesto, las Escrituras que ellos tenían era el Antiguo Testamento.

2 Busque por lo menos un pasaje del Antiguo Testamento que confirma

a] el v. 3.

b] el v. 4.

Note como Pablo da evidencias —y evidencias irrefutables— de que Cristo resucitó de los muertos. Dice que él mismo está entre los testigos de la resurrección.

3 ¿De qué manera la aparición a Pablo era diferente que a la de los otros apóstoles?

Pablo en 2 Corintios 11:5 afirma que no se sentía de ninguna manera inferior a los demás apóstoles. Sin embargo, en el v. 9 dice que él es el más pequeño (RV) o menos importante (VP) de ellos.

4 ¿Cómo entiende usted este contraste?

También afirma que debe todo a la gracia de Dios; es Dios quien merece todo mérito.

5 Explique el lugar de la gracia de Dios en la vida de Pablo según el v. 10.

Pablo termina afirmando que ese es su mensaje: Que Cristo resucitó de los muertos. Es parte de la esencia misma del evangelio que predicaban todos los apóstoles.

1 Corintios 15:12-19

Pero si ese es el evangelio, entonces el hecho de que algunos de ellos negaran la resurrección era absurdo.

En los vv. 13-19 Pablo hace una lista de por lo menos siete consecuencias si no hay resurrección.

6 ¿Cuáles son?

a]

b]

c]

d]

e]

f]

g]

7 Si Cristo no resucitó, ¿por qué es "vana" (v. 14) nuestra fe?

8 ¿Está de acuerdo con el v. 19? Explique por qué.

1 Corintios 15:20-28

¡Pero Cristo SI ha resucitado! Y su resurrección es un elemento clave en los propósitos de Dios para el universo.

Pablo describe aquí todo un proceso histórico, cósmico, desde Adán hasta la culminación de todo.

9 Anote los distintos pasos de este proceso, en su orden correcto:

10 Dos veces Pablo dice que Cristo es "las primicias" (vv. 20 y 23). ¿Qué quiere decir con eso? (Note el uso de la misma palabra en Romanos 8:23 y 11:16, RV.)

11 Note como Pablo repite la palabra "todo" por lo menos 10 veces en esta sección. ¿Qué enfatiza con eso?

Para Pablo, la historia tiene un fin. Estamos en un proceso que tiene etapas claras, un proceso que Dios lleva a cabo para eliminar las contradicciones en su universo.

1 Corintios 15:29-34

Esta sección comienza con uno de los versículos más difíciles del Nuevo Testamento. Hay por lo menos 40 diferentes interpretaciones en cuanto a su significado. Ya que ningún otro pasaje menciona tal práctica, no sabemos a qué se refiere.

Tal vez la posibilidad menos complicada es que algunos se bautizaban a favor de los creyentes que murieron sin haber sido bautizados. Lo importante aquí es que Pablo ni lo acepta ni lo condena; sencillamente lo utiliza como un ejemplo en su argumento. (Una de las soluciones que contradice todo el Nuevo Testamento es la de los Mormones: se bautizan por los muertos *inconversos* para que se salven.)

12 ¿Por qué Pablo saca este ejemplo? ¿Cuál es el punto esencial de su argumento aquí?

13 Acerca del v. 30:
   a] Busque por lo menos un pasaje bíblico que ilustre el "peligro" del cual habla Pablo.

   b] ¿Cuál es la respuesta a su pregunta?

Cuando Pablo habla de "batallar contra fieras", hay que tomarlo en el sentido figurativo, como en 2 Timoteo 4:17. Los ciudadanos romanos, como Pablo, normalmente no eran echados a las fieras y, de todos modos, solamente los gladiadorEs mejor entrenados tenían alguna posibilidad de salir con vida.

14 ¿A qué conclusión quieren llevarnos los vv. 31 y 32?

El v. 33 es un proverbio bien conocido en aquel tiempo. Note que la RV habla de "malas conversaciones", y la VP de "malos compañeros". Ambas traducciones son aceptables.

15 A la luz de este capítulo, ¿cuál es la advertencia para los corintios?

Pablo termina esta sección con una palabra fuerte. Algunos de la iglesia de Corinto creían que eran muy espirituales. No sólo pensaban que eran ejemplos de espiritualidad, sino que pretendían llevar a la iglesia a nuevas alturas celestiales. Pero Pablo dice que realmente no conocían al Dios verdadero. Vemos de nuevo la importancia de los vv. 3 y 4.

1 Corintios 15:35-49

Seguramente algunos se burlaban de la resurrección con preguntas como: "¿Cómo puede resucitar una persona si su cuerpo está completamente podrido?"

16 ¿Cómo respondería la gente de la calle (los no creyentes) a las preguntas del v. 35?

Pablo responde con varias figuras que aclaran la naturaleza del cuerpo resucitado.

17 ¿Cuál es la conclusión principal de los
a| vv. 37-41?

b) vv. 42, 43?

c) v. 44?

d) vv. 45-49?

18 Anote las diferencias entre nuestro cuerpo actual, y el cuerpo resucitado, según este pasaje (ver al v. 47 en la VP).

Cuerpo actual   **Cuerpo resucitado**

19 Cuando Pablo dice que la semilla "muere" en el v. 36, ¿qué quiere decir?

20 ¿Somos más parecidos ahora al "primer Adán", o al "segundo"? ¿Por qué?

1 Corintios 15:50-58

En el v. 50 "carne y sangre" se refiere al cuerpo vivo; "corrupción" al cuerpo muerto. Ninguno de los dos pueden heredar (entrar en) el reino de Dios (ver la VP aquí).

La palabra "misterio" (v. 51) no significa algo que no se puede comprender sino algo escogido, pero luego revelado.

21 En este caso,

   a] ¿cuál es el "misterio"?

   b] ¿cuándo ocurrirá? (Ver también 1 Tesalonicenses 4:16.)

Busque el pasaje que Pablo cita en el v. 54.

23 ¿De qué habla el pasaje?

En los vv. 55 y 56 la palabra "aguijón" significa una picada venenosa.

24 Explique el v. 56.

Note que Pablo en el v. 55 implica que el "aguijón" y la "victoria" ya no están.

---

25 ¿Cómo puede ser eso?

26 Note la conclusión de Pablo.

    a) Explique en sus propias palabras lo que debemos *hacer*.

    b) A la luz de este capítulo, ¿por qué nuestro trabajo no es en vano?

19 *1 Corintios 16*

Pablo concluye su carta con varios temas prácticos. Ya terminó con el último "problema" que tenía que enfrentar y corregir. El capítulo se divide naturalmente en tres partes.

1 Corintios 16:1-4

Esta ya es la quinta vez que Pablo comienza con "En cuanto a...", y en cada caso, seguramente respondía a algo escrito en la carta de ellos. En este caso Pablo habla de una ofrenda "para los santos".

1 Busque los siguientes pasajes y explique esa ofrenda. Hechos 11:27-30; Romanos 15:25-27.

Pablo da ciertas instrucciones en cuanto a cómo hacer la ofrenda. Menciona lo que había dicho a la iglesia de Galacia pero, lamentablemente, no sabemos de qué se trataba. No figura en la Epístola a los Gálatas, y pueden haber sido instrucciones orales.

2 ¿Qué pautas podemos aplicar para *nuestras* ofrendas?

Note la traducción de la VP del v. 3. Las "cartas" eran cartas de introducción que los mensajeros iban a llevar a Jerusalén como encomendaciones.

3 Anote las diferentes maneras en que Pablo se cuidaba de que nadie pudiera acusarlo de levantar una ofrenda para su propio beneficio.

1 Corintios 16:5-12

4 En resumen,

a] ¿cuáles son los planes de viaje de Pablo?

b] ¿qué razones da para actuar de esa manera?

5 Pablo menciona dos factores acerca de su misión en Efeso. ¿Es normal que estos dos factores aparezcan juntos? ¿Cuál ha sido su experiencia?

Da la impresión de que Pablo sentía una cierta inquietud por la visita de Timoteo a Corinto.

6 ¿Cuál puede haber sido la preocupación?

En el v. 12 encontramos por última vez las palabras "En cuanto a..." en esta carta. Ahora, aparentemente, Pablo se refiere al interés de ellos de que Apolos los visitara.

Es llamativo que Pablo insistió mucho a Apolos, sin embargo, no era la voluntad de él (o de Dios, ambas traducciones son posibles) de ir en ese momento.

7 ¿Qué razones puede haber tenido Pablo para *no* animar a Apolos a hacer una visita a Corinto?

1 Corintios 16:13-24

Pablo termina su carta con varias exhortaciones.

8 Explique las cuatro exhortaciones del v. 13 como si fuera para un grupo de jóvenes. ¿Qué debemos hacer?
a|

b|

c|

d|

Pablo, evidentemente, apreció a Estéfanas y a su familia y, seguramente habían colaborado juntos más de una vez (note también 1:16).

9 Pablo dice que debemos "sujetarnos" a personas como ellos.
a| ¿Cómo explica usted esto?

b] ¿Puede encontrar otro lugar del Nuevo Testamento que diga algo parecido?

Luego dice que tres hermanos de Corinto le habían servido en lugar de los corintios.

10 Pablo dice que debemos "reconocer" a tales personas. ¿Puede encontrar otro lugar del Nuevo Testamento que diga algo parecido?

Ya que no había "templos" cristianos en esa época, las iglesias se reunían en hogares. Un "hogar-iglesia" era el de Aquila y Priscila.

11 Según los siguientes pasajes, ¿quiénes eran Aquila y Priscila? Hechos 18:1-3; Hechos 18:24-26; Romanos 16:3-5; 2 Timoteo 4:19 (escrito desde Efeso).

Pablo normalmente dictaba sus cartas (¿un problema de ojos?), pero más de una vez agrega unas palabras personalmente. En este caso, son los vv. 21-24. Note también Gálatas 6:11 y 2 Tesalonicenses 3:17.

El v. 22 es fuerte. Ya vimos la palabra "anatema" en 12:3, y es la misma que encontramos en Gálatas 1:8. Es una advertencia, y seguramente Pablo estaba pensando en ellos cuando lo escribió.

12 ¿Ellos amaban al Señor en realidad? ¿Qué implica *amar* al Señor Jesucristo?

Pablo termina su carta con una nota de afirmación. A pesar de todo lo que les tenía que decir, amaba a la iglesia de Corinto. En realidad, dijo todo *porque* los amaba. El amor también sabe disciplinar.

Conclusión

Vamos a repasar todo el libro creando un bosquejo. (Ver la página siguiente.) Note que tiene las divisiones principales con un título para cada una.

13 La tarea suya es poner un título para cada sub-división del bosquejo. Debe condensar lo que dice el pasaje en no más de *cinco* palabras. Repasen los resultados en el grupo.

14 ¿Qué aspecto de este estudio de 1 Corintios le habló más fuertemente a usted?

15 ¿Qué aspecto habla más fuertemente a su iglesia?

Bosquejo de 1 Corintios

1:1-9	Salutación e introducción	1:1-3	
		1:4-9	
1:10-4:21	Divisiones en la iglesia	1:10-17	
		1:18-2:5	
		2:6-16	
		3:1-9	
		3:10-4:5	
		4:6-21	
5, 6	La inmoralidad	5:1-13	
		6:1-11	
		6:12-20	
7	Problemas matrimoniales	7:1-9	
		7:10-16	
		7:17-24	
		7:25-40	
8:1-11:34	La libertad cristiana	8:1-13	
		9:1-27	
		10:1-13	
		10:14-22	
		10:23-11:1	
		11:2-16	
		11:17-34	
12:1-14:40	Los dones espirituales	12:1-31	
		13:1-13	
		14:1-40	
15	La resurrección	15:1-11	
		15:12-34	
		15:35-38	
16	Conclusión	16:1-4	
		16:5-12	
		16:13-24	

Cómo utilizar este cuaderno

Este cuaderno es una *guía de estudio*, es decir, su propósito es guiarle a usted para que haga su propio estudio del tema o libro de la Biblia que desarrolla este material.

El cuaderno propone un diálogo. En él introducimos el tema, sugerimos cómo proceder con la investigación, comentamos, pero también preguntamos. Los espacios después de las preguntas son para que usted anote sus respuestas.

Esperamos que, por medio del diálogo, le ayudemos a forjar su propia comprensión del tema. No de segunda mano, como cuando se escucha un sermón, sino como fruto de su propia lectura e investigación.

¿Cómo hacer el estudio?

1 - Antes de comenzar, ore. Pida ayuda a Dios para que le hable y le dé comprensión durante su estudio.

2 - Se deben leer los pasajes bíblicos más de una vez y preguntarse: ¿Qué dice el autor? Aunque muchos utilizan la versión Reina-Valera de la Biblia, conviene tener otra versión o versiones disponibles para comparar los pasajes entre ellas. La "Versión Popular" y la "Nueva Versión Internacional" le pueden ayudar a ver el pasaje con más claridad.

3 - Siga con la lectura de la lección. Responda lo mejor que pueda a las preguntas.

4 - Evite la tendencia de "apurarse para terminar". Es mejor avanzar lentamente, pensando, preguntando, aclarando.

En grupo

El estudio personal es de mucho valor, pero se multiplican los beneficios si lo acompaña con el estudio en grupo. Un grupo de hasta 8 personas es lo ideal. Pero, puede ser que por diferentes motivos el grupo esté formado por usted y una persona más; aun así, es mejor que estudiar solo.

En realidad, estos cuadernos han sido diseñados con ese motivo: estimular el estudio en células, en grupos pequeños.

La manera de hacerlo es fácil:

1 – **Haga usted en forma personal una de las lecciones del cuaderno**. Aun cuando pueda haber cosas que no entienda bien, haga el mayor esfuerzo posible para completar la lección.

2 - **Luego reúnase con su grupo**. En el grupo compartan entre todos las respuestas a cada pregunta. Puede ser que no tengan las mismas respuestas, pero, comparando entre todos, las van aclarando y corrigiendo.

Es durante este compartir semanal de una hora y media, este diálogo entre todos, donde se encuentra la verdadera riqueza que nos provee esta forma de estudio.

3 - **Evite salirse del tema**. El tiempo es oro, y lo más importante es enfocar todo el esfuerzo del grupo en el tema de la lección. Luego, pueden dedicar tiempo para conocerse más y tener un rato social.

4 - **Participe**. Todos deben participar. La riqueza del trabajo en grupo es justamente eso.

5 - **Escuche**. Hay una tendencia de apurar nuestras propias opiniones sin permitir que el otro termine. Vamos a aprender de cada uno, aun de los que, según nuestra opinión, estén equivocados.

6 - **No domine la discusión**. Puede ser que usted tenga todas las respuestas correctas, sin embargo es importante dar lugar a todos, y estimular a los tímidos a participar. No se trata de sobresalir, sino de compartir aprendiendo juntos.

Si en el grupo no hay una persona con experiencia en coordinarlo, se puede encontrar ayuda para dirigir un grupo en:

1 - Nuestra página web, www.edicionescc.com. La sección "Capacitación" ofrece una explicación breve del método de estudio.

2 - En las últimas páginas de nuestro catálogo ofrecemos también una orientación.

3 - El cuaderno titulado "Células y otros grupos pequeños" es un curso de capacitación para los que desean aprender cómo coordinar un grupo.

4 - Hay algunas guías que disponen de un cuaderno de sugerencias para el coordinador del grupo.

Finalmente diremos que las guías no contienen respuestas a las preguntas, ya que el cuaderno es exactamente eso, una guía, una ayuda para estimular su propio pensamiento, no un comentario ni un sermón. Le marcamos el camino, pero usted lo tiene que seguir.

Que el Señor lo acompañe en esta tarea y, si necesita ayuda, comuníquese con nosotros. Estamos para servirle.

Titulos de la serie "Introducción a la Biblia"
El mundo bíblico (avanzado)
Estudio bíblico (avanzado)
Mensaje del Antiguo Testamento

Titulos de la serie Estudio Bíblico
Génesis (avanzado)
Josué
Job
Doce profetas
San Marcos
El Sermón del Monte
El Padrenuestro
San Juan
Los Hechos (avanzado)
Romanos
1 Corintios (avanzado)
Gálatas
Efesios
Filipenses
Colosenses
1 Tesalonicenses
1 Timoteo
Tito
Filemón
Hebreos
Santiago
1 Pedro
Apocalipsis (avanzado)

Para más información:
www.edicionescc.com
oficina@edicionescc.com

Para comprar en Amazon:
busque "edicionescc"

www.ingramcontent.com/pod-product-compliance
Lightning Source LLC
Chambersburg PA
CBHW081212020426

42331CB00012B/3007